Das Hörbuch zur Bibel ist bei DAV erschienen:
ISBN 978-3-86231-087-6

 Hier reinhören!

Neuausgabe 2017
© Verlag Herder GmbH, Freiburg im Breisgau 2011
Alle Rechte vorbehalten
www.herder.de

Für die Illustrationen:
© Anno Domini Publishing 2011
www.ad-publishing.de

Gesamtgestaltung: Uwe Stohrer Werbung, Freiburg
Druck: Graspo, Zlín
Printed in the Czech Republic

Gedruckt auf umweltfreundlichem, chlorfrei gebleichtem Papier

ISBN 978-3-451-71388-0

Die Bibel
für Kinder

erzählt von

Margot Käßmann

Mit Illustrationen von Carla Manea

HERDER

FREIBURG · BASEL · WIEN

Inhalt

Vorwort

Kindern die Bibel nahebringen ist eine wunderbare Aufgabe. Ich wünsche mir,
dass Eltern, Großeltern und Paten, Mitarbeitende in Kindertagesstätten und
Kindergottesdiensten das gern und intensiv tun. Zum einen führt es Kinder hinein in
den christlichen Glauben, der seit Jahrtausenden überliefert ist. Sie lernen die großen
Gestalten der Bibel und die Geschichten von Gottvertrauen kennen, die Generationen
geprägt haben. Zum anderen wird so auch ein Grundverständnis unserer Kultur gelegt.
Wie wäre denn Literatur, Architektur, Kunst und Musik in Europa zu begreifen, wenn
Menschen keinerlei biblisches Wissen hätten? Ich bin überzeugt, diese Geschichten
beheimaten uns im Glauben und in der Kultur.

So hoffe ich, dass Menschen sich Zeit nehmen, die Bibel mit Kindern zu entdecken.
Das müssen nicht lange und mühselige Exkursionen sein. Auf Grundlage der
englischen Kinderbibel *The Children's Bible* habe ich in Anlehnung an Sally Ann Wright
hundert zentrale Geschichten der Bibel nacherzählt. Das Ganze war spannend für
mich selbst. Wie etwa zählen wir die Gebote? Das ist durchaus umstritten. Und soll
Psalm 23 aus der Lutherübersetzung zitiert werden, wie ihn viele auswendig kennen,
oder ist eine Anregung besser, mit den Eltern, Paten oder Lehrern den Psalm in der
Bibel zu suchen? Das Gleiche gilt für die Seligpreisungen im Neuen Testament, die ich
weiterhin in der Lutherübersetzung am schönsten finde. Ganz einfach ist es auch nicht
zu entscheiden: Was können wir einem Kind zumuten an grausamen Geschichten,
wie es sie in der Bibel nun einmal gibt, was ist zu schwierig und unverständlich und
wo dürfen wir andererseits nicht ausweichen? Muss nicht in den Erzählungen der
Evangelien deutlicher gemacht werden, wie sehr Jesus auch abgelehnt wurde, damit
klar wird, warum er verhaftet wurde? Der Kreuzigung auf jeden Fall können wir nicht
ausweichen, sie ist zentral für den christlichen Glauben. Dabei war mir auch wichtig,
dass Petrus sich schämt und weint, das kann nicht übergangen werden.

Beim Schreiben habe
ich mir vorgestellt: So
hätte ich die Geschichten
meinen vier Töchtern erzählt,
als sie klein waren. Ich fände
ein kleines Ritual gut: jeden Abend
eine Geschichte. Und dann ein
kurzes Gespräch über das Gelesene.
Den Kindern werden sich die großen
Gestalten der Bibel einprägen in diesen
Erzählungen von Sara und Jakob, von
Rahab und Samuel, von Jesus und Maria
– davon bin ich überzeugt. Solche
Beheimatung im Glauben gibt Kindern,
dann Jugendlichen und schließlich
Erwachsenen eine Behausung im Leben,
die Geschichten und Worte der Bibel sind lebendig
und schenken eine Haltung, die Menschen stark macht. Weil sie eine gute
Nachricht kennen, die alle anderen Neuigkeiten übertönt.

Atlanta, im November 2010

Das Alte
Testament

Am Anfang

Genesis 1,1–2,3

Kannst du dir vorstellen, dass am Anfang nichts war? Gar nichts – einfach nichts! Es war dunkel, es war leer und öde. Da sagte Gott: „Es werde Licht!"

Ein wunderbarer Satz, finde ich! Wer ist denn schon gerne im Dunkeln? Und es wurde hell in all der Dunkelheit. Das gefiel Gott so gut, dass er das Land vom Wasser abtrennte, damit noch mehr Vielfalt möglich wäre. Und der Himmel sollte anders sein als die Erde. Gott hatte Lust, es schön zu machen. Tiere und Pflanzen malte Gott in vielen Farben – und sie wurden Wirklichkeit. Ja, die Schöpfung war großartig, gut und schön. Die Meere füllten sich mit atemberaubenden Kreaturen. Vögel trällerten fröhliche Lieder. Bienen summten, und Schmetterlinge flatterten munter umher. Gott hatte Spaß daran, sich Tiere aller Arten auszudenken, und freute sich an den Delfinen und den Adlern ebenso wie an den Mäusen und den Mücken. Einige ließ er kriechen, andere hüpfen, die einen konnten gut rennen, die anderen wunderbar schwimmen.

Gott freute sich an der Vielfalt, und diese Freude wollte er gerne teilen. Außerdem sollte jemand aufpassen auf all das Schöne und verantwortlich sein für die bevölkerte Erde. Also schuf Gott die ersten Menschen: Adam und Eva. Dies schien eine gute Idee, denn die beiden mochten sich offensichtlich sehr gern. Da ruhte Gott sich zufrieden aus von all dem Schaffen und es gefiel ihm sehr, dass Adam und Eva mit ihm sprachen und sich um die Geschöpfe der Erde kümmerten.

Die Schlange

Genesis 3,1–6

Adam und Eva lebten in einem wunderschönen Garten, dem Paradies. Wasser, Früchte, alles, was das Herz begehrt, hatten sie zur Verfügung. Und sie durften alles essen – bis auf die Früchte eines Baumes in der Mitte des Gartens. Das war das einzige Verbot im Paradies.

Doch dieses Verbot war nun besonders reizvoll, denn es machte neugierig. Warum nicht von diesem Baum?

Eines Tages dann kam die listige Schlange und fragte Eva, ob nicht die Früchte an diesem Baum viel saftiger und schöner und besser aussähen als alle anderen. Das war eine echte Versuchung – hatte die Schlange nicht recht?

Eva konnte nicht widerstehen. Sie pflückte eine Frucht und kostete davon. Als Adam dazukam, sagte sie: „Probier doch auch einmal!" Und auch Adam konnte nicht widerstehen und biss hinein in die verbotene Frucht.

Die gebrochene Regel

Genesis 3,7–23

Eva und Adam spürten gleich, dass sie einen großen Fehler gemacht hatten.
Alles hatte Gott ihnen geschenkt, und nur ein einziges kleines Verbot war da gewesen.
Aber sie hatten es nicht geschafft, diese Regel einzuhalten. Ein scheußliches Gefühl!
Sie sahen einander an und fühlten sich schuldig. Alles hatten sie damit aufs Spiel
gesetzt.

Als Gott kam, um mit den beiden zu sprechen, versteckten sich Adam und Eva,
weil sie sich so sehr schämten für ihren Fehler. Alles war auf einmal anders! Sie hatten
Gottes Vertrauen gebrochen. Gott merkte das sofort. Und er konnte nicht anders, als
zu sagen: „Ihr habt die Regel nicht eingehalten, ihr müsst gehen."

Und so mussten Adam und Eva den wunderbaren Paradiesgarten verlassen. Doch
sie spürten, dass Gott sie immer noch liebte und sie begleiten würde in ihrem neuen
Leben.

Kain und Abel

Genesis 4,1–15

Adam und Eva bekamen zwei Söhne, Kain und Abel. Der ältere Bruder, Kain, wurde ein Landwirt. Er arbeitete auf dem Feld. Abel, der jüngere Bruder, wurde Hirte. Schafe und Ziegen waren sein Lebensunterhalt.

Die beiden wollten Gott für die gute Ernte und für das gesunde Vieh danken. Deshalb verbrannten sie Tiere und Getreide auf einem Altar, so wurden damals Dankopfer gefeiert. Kain aber hatte das Gefühl, Gott gefiel Abels Opfer besser als sein eigenes. Ganz tief in ihm drin wuchs die Eifersucht, und er begann, seinen Bruder zu hassen. Schließlich wünschte er sich sogar, Abel wäre einfach nicht mehr da! Er konnte gar nicht mehr aufhören, darüber nachzudenken.

Und so nahm Kain seinen Bruder Abel mit auf einen Spaziergang. Auf einem Feld griff er einen Stein und tötete Abel damit. Furchtbar! Was für eine Schuld!

Plötzlich hörte Kain Gottes Stimme, die ihn fragte: „Wo ist dein Bruder?" Und er antwortete hilflos: „Ich weiß es nicht. Bin ich denn für ihn verantwortlich?" Da wurde Gott sehr zornig und verfluchte Kain für die schreckliche Gewalt, die er seinem Bruder angetan hatte. Doch um zu zeigen, dass er ihn trotz allem beschützen würde, machte Gott ein Zeichen auf Kains Stirn.

Noah baut die Arche

Genesis 6,5–22

Aber die Gewalt hörte nicht auf. Gott sah, dass die Menschen einander verletzten. Sie waren eifersüchtig und neidisch. Es schien, als ob sie nur glücklich wären, wenn sie das haben konnten, was andere besaßen. Es war kein schönes Miteinander, wie Gott es erhofft hatte in der guten Schöpfung.

Ein Mann aber fiel Gott auf: Noah. Er war freundlich, nahm die anderen Menschen ernst und versuchte, mit seiner Familie so zu leben, wie es Gott gefiel. Eines Tages sagte Gott zu Noah, er solle ein großes Schiff bauen – eine Arche –, in dem von allen Tieren der Erde ein Paar Platz habe. Noahs Nachbarn lachten ihn aus, als sie sahen, was er tat, schließlich gab es weit und breit kein Wasser. Doch Noah vertraute Gott und ließ sich nicht beirren. Bald kamen viele Tiere zur Arche: Vögel und Löwen, Mäuse und Elefanten – immer zwei von jeder Art. Und Noah und seine Familie sammelten Futter und Essen für die Reise, die vielleicht vor ihnen lag und sehr lange dauern könnte.

Die große Flut

Genesis 7,1–8,5

Als Noah mit seiner Familie und all den Tieren in der Arche war,
begann es zu regnen. Stunde um Stunde, Tag für Tag, Woche
auf Woche. Es hörte so lange nicht mehr auf zu regnen, bis die
ganze Erde von Wasser bedeckt war. Und all die Menschen, die so
grausam und gewalttätig gewesen waren, wurden von den Fluten
fortgerissen. Nur Noahs Arche aber schwamm oben auf dem
Wasser.

Nach vierzig Tagen und vierzig Nächten hörte es endlich auf
zu regnen. Die Wolken verzogen sich, und die Sonne kam heraus.
Langsam, aber sicher verzogen sich die Wassermassen, und das
Land kam wieder zum Vorschein.

Der Regenbogen

Genesis 8,6–9,17

Nachdem der Regen aufgehört hatte, wartete Noah vierzig Tage. Dann öffnete er ein Fenster und ließ einen Raben fliegen, doch er kam zurück. Danach schickte er eine Taube auf die Reise, aber offenbar fand auch sie nichts, worauf sie sich hätte niederlassen können. Sieben Tage später versuchte Noah es noch einmal. Und die Taube kam mit einem frischen Olivenblatt im Schnabel zurück.

   Nun wusste Noah, dass die Erde wieder trocken und frisch und neu war. Die Bäume begannen, Blätter zu treiben, Früchte wuchsen an ihren Ästen, und die Blumen fingen wieder an zu blühen.

20

Da sagte Gott zu Noah, er solle die Tür der Arche öffnen. Und alle Tiere, die während der großen Flut dort sicher gewesen waren, gingen an Land.

Noah dankte Gott, dass er ihn und seine Familie beschützt hatte. Und Gott versprach, dass es nie mehr eine solche Flut geben würde. Er wollte es gern ein zweites Mal mit den Menschen versuchen und nachsichtiger sein mit ihren Fehlern.

Als Zeichen seines Versprechens, dass er die Erde nie wieder zerstören würde, setzte Gott einen wunderschönen Regenbogen an den Himmel.

Abraham

Genesis 12,1–5; 15,1–6

Wie Noah war auch Abraham ein guter Mensch. Gott hatte vor, ihn zum Urahnen einer großen Familie zu machen. Er versprach Abraham neues Land und viele Kinder, ja so viele, wie Staubkörner auf der Erde und Sterne am Himmel sind.

Abraham vertraute Gott. Und als Gott sagte, Abraham solle sich aufmachen zu dem Ort, den er ihm als seine neue Heimat zeigen wollte, zog Abraham los. Er nahm Sara, seine Frau, mit, die Dienerinnen und Diener und all seine Kamele, Schafe und Ziegen.

Als sie in ihrer neuen Heimat Kanaan ankamen, sah Abraham, wie schön dort alles war. Er war dankbar. Gott hatte nichts Falsches versprochen!

Isaak wird geboren

Genesis 18,1–15; 21,1–7

Abraham und Sara wurden heimisch im Land Kanaan. Nur eine Sache machte ihnen Kummer: Gott hatte versprochen, dass sie Nachkommen haben würden. Doch nun waren sie beide schon alt und hatten noch immer keine Kinder.

Eines Tages aber kamen drei Fremde zu Abrahams Zelt. Er begrüßte sie freundlich und lud sie ein, im Schatten zu sitzen und etwas zu essen. Als sie dort zusammen saßen, sagte einer: „Wenn wir nächstes Jahr wiederkommen, wird deine Frau einen Sohn in den Armen halten." Sara hörte das von nebenan und lachte, denn sie konnte sich nicht vorstellen, dass sie in ihrem Alter noch schwanger werden könnte. Abraham aber dachte: „Ich vertraue Gott."

Und Gott hielt sein Versprechen: Sara brachte Isaak zur Welt.

Abrahams Familie wächst

Genesis 25,19–34

Als Isaak erwachsen war, ließ Abraham für ihn eine Frau suchen. So heiratete Isaak Rebekka, und die beiden bekamen Zwillingssöhne: Jakob und Esau. Der Ältere, Esau, wurde ein guter Jäger, und sein Vater liebte ihn ganz besonders. Der Jüngere, Jakob, kochte gern und blieb am liebsten bei seiner Mutter Rebekka.

Eines Tages kochte Jakob ein Essen, während Esau auf der Jagd war. Als Esau nach Hause kam, war er sehr hungrig und sagte: „Das riecht großartig. Gib mir etwas davon!" Jakob aber antwortete: „Du kannst etwas davon haben, doch nur, wenn du mir dafür den Segen unseres Vaters gibst."

Der Segen war wichtig, denn nur der ältere der beiden Zwillinge sollte vom Vater den Segen bekommen und damit zu seinem Erben werden.

Esau willigte ein. Und so gab er den Segen des Erstgeborenen her für eine Mahlzeit.

Jakob trickst seinen Vater aus

Genesis 27,1–41

Isaak war schon alt und beinahe blind. Er bat darum, seinen ältesten Sohn, Esau, zu sehen.

„Geh auf die Jagd für mich", sagte er. „Dann kann ich noch einmal mein Lieblingsgericht essen und dich segnen, bevor ich sterbe."

Kaum hatte sich Esau aufgemacht, rief Rebekka Jakob zu sich. Sie gab ihm Kleider von Esau, die sollte er anziehen, damit er so roch wie sein Bruder. Um seine Arme und den Hals wickelte sie Tierfelle, damit er sich so haarig anfühlte wie sein Bruder. Und dann kochte sie Isaaks Lieblingsgericht, damit Jakob es Isaak brachte.

Isaak konnte Jakob nicht sehen, doch er konnte riechen und fühlen und er dachte, es sei sein ältester Sohn Esau, und segnete ihn als seinen Erben. So stahl Jakob Esau den Segen des Vaters.

Als Esau entdeckte, was geschehen war, wurde er so wütend, dass er seinen Bruder am liebsten umgebracht hätte.

Jakobs Traum

Genesis 27,42–44; 28,10–21; 29,14–30, 34,1; 35,23–25

Weil Esau so zornig war und sicher auch Isaak wütend werden würde, wenn er den Betrug entdeckte, hatte Rebekka Angst um Jakob. Sie schickte ihn zu ihrem Bruder Laban, dort sollte er für eine Weile bleiben, bis sich alle wieder beruhigt hätten.

Auf dem Weg zu seinem Onkel musste Jakob übernachten. Er nahm einen Stein als Kopfkissen und schlief unter dem Sternenhimmel ein. Im Traum sah er eine Leiter, die von der Erde zum Himmel führte. Engel stiegen darauf hoch und runter, und Gott selbst saß ganz oben auf der Leiter.

„Ich bin der Gott deines Großvaters Abraham und deines Vaters Isaak", sagte Gott. „Dieses Land wird eines Tages dein Land sein, und ich werde auf dich aufpassen."

Als Jakob aufwachte, beschloss er, dass der Gott, von dem er geträumt hatte, auch sein Gott war und er an ihn glaubte.

Während er bei seinem Onkel Laban lebte, verliebte sich Jakob in seine Cousine Rahel. Doch er konnte sie erst heiraten, nachdem er ihre ältere Schwester Leah geheiratet hatte – so waren damals die Sitten. Am Ende hatte Jakob zwölf Söhne und eine Tochter.

Josef, der Lieblingssohn

Genesis 37,1–11

Unter all seinen Kindern liebte Jakob Josef am allermeisten. Er verwöhnte ihn und schenkte ihm einen wunderschönen und farbenprächtigen Mantel. Seine Brüder wurden natürlich sehr eifersüchtig. Sie wünschten sich, ihr Vater würde sich auch einmal so gut um sie kümmern oder ihnen ein besonderes Geschenk machen.

Josef aber machte alles noch schlimmer. Einmal träumte er, dass sich die Getreidegarben seiner Brüder vor seiner Garbe verneigten. Ein anderes Mal sah er im Traum, wie sich die Sonne, der Mond und elf Sterne vor ihm verbeugten. Josef dachte, die Träume bedeuteten, dass er wichtiger sei als alle anderen in seiner Familie. Und das erzählte er auch noch seinen Brüdern. Die mochten das natürlich ganz und gar nicht. Sie konnten seine Angeberei nicht mehr ertragen und fingen an zu überlegen, wie sie ihn loswerden könnten.

Eifersüchtige Brüder

Genesis 37,12–35

Eines Tages waren die Brüder unterwegs, um die Schafe ihres
Vaters zu hüten, und Jakob schickte Josef zu ihnen. Da sahen
die Brüder ihre Chance gekommen: Sie warfen Josef in einen
ausgetrockneten Brunnen. Es war ein dunkles, tiefes Loch,
und Josef fürchtete sich sehr.

Nach einer Weile kamen Fremde vorbei, und die
Brüder hatten eine Idee: Sie verkauften Josef wie einen
Sklaven. Als die Fremden fort waren, zählten sie die
Münzen und freuten sich über das Geld, das sie so
verdient hatten.

Josefs schönen bunten Mantel tauchten sie in
das Blut einer Ziege und brachten ihn zu Jakob.
Der glaubte nun, sein liebster Sohn sei von
einem wilden Tier getötet worden. Jakob war
unendlich traurig. Er weinte und wusste
nicht, wie er jemals wieder glücklich
werden sollte.

Josef als Sklave in Ägypten

Genesis 37,36; 39,1–20

Für Josef begann eine furchtbare Zeit. Eben war er noch der Lieblingssohn seines Vaters gewesen, und nun hatten ihn seine Brüder in die Fremde verkauft. Er ahnte, dass sein Leben nie mehr so sein würde wie früher.

Die Reise nach Ägypten war lang und schrecklich. Als sie endlich ankamen, verkauften die Fremden Josef an einen Mann namens Potifar. Von nun an musste Josef als Sklave arbeiten. Doch Potifar war mit Josef sehr zufrieden, und bald vertraute er ihm. Ja, Gott passte auf Josef auf. Er war zwar weit weg von zu Hause, doch er war nicht allein.

Potifars Frau aber bereitete Josef großen Ärger. Immer wieder musste er ihr ausweichen, denn sie kam ihm oft zu nah. Vielleicht war sie verliebt? Als Josef sie aber abwies, wurde sie zornig und begann, Lügen über Josef zu erzählen. Das führte am Ende dazu, dass Josef ins Gefängnis geworfen wurde.

Josef im Gefängnis

Genesis 39,21–23; 40,1–23

Wieder versuchte Josef, so gut wie möglich mit der schrecklichen Situation zurecht-
zukommen. Bald vertrauten ihm die Wachen im Gefängnis. Trotzdem sollte es Jahre
dauern, bis er wieder freigelassen wurde.

Eines Tages wurden zwei neue Gefangene gebracht: der Bäcker und der
Mundschenk des Pharaos. So wurde der König von Ägypten genannt. In einer Nacht
hatten beide seltsame Träume. Als sie Josef davon erzählten, sagte er zu ihnen: „Für
dich, Mundschenk, bedeutet dein Traum eine gute Nachricht, du wirst bald
wieder frei sein. Für dich, Bäcker, ist dein Traum aber eine schlechte
Nachricht: Der Pharao wird dich hinrichten lassen."

Und genau so kam es. Als der Mundschenk aus dem Gefängnis
entlassen wurde, versprach er, ein gutes Wort beim Pharao für
Josef einzulegen. Doch als er erst einmal frei war, vergaß
er das alles wieder …

Träume werden wahr

Genesis 41–47

Zwei Jahre später hatte der Pharao seltsame Träume, die ihn umtrieben und quälten. Da erinnerte sich der Mundschenk an Josef und sagte: „Ich kenne jemanden, der dir helfen kann!" So wurde Josef aus dem Gefängnis geholt und zum Pharao gebracht. Er hörte sehr gut zu. Der Pharao erzählte von sieben fetten und sieben mageren Kühen. Josef begriff schnell, dass das eine Warnung war: Erst würde es sieben Jahre mit sehr guten Ernten geben. Dann aber würden sieben Jahre mit einer schrecklichen Dürre und Hunger für die Menschen folgen. Josef gab dem Pharao den Rat, in den guten Jahren vorzusorgen, damit niemand hungern müsse in den schlechten Jahren.

Der Pharao war mutig und ließ sich auf diesen Rat ein. Er ernannte Josef zum zweiten Mann im Land. Und Josef trug Sorge dafür, dass in den guten Jahren ein Vorrat angelegt wurde für die schlechten Jahre.

In den sieben schlechten Jahren litten auch Josefs Brüder Hunger. Sie zogen nach Ägypten und hofften, dort Essen kaufen zu können. So kamen sie zu Josef, und wie damals in seinem Traum knieten sie vor ihm nieder. Als sie herausfanden, dass dieser mächtige Mann in Ägypten ihr kleiner Bruder war, konnten sie es kaum glauben und schämten sich. Josef aber freute sich, seine Familie wiederzusehen, und Jakob war überglücklich, als er erfuhr, dass sein Lieblingssohn am Leben war. So lebte die ganze Familie am Ende in Ägypten.

Mirjam und die Prinzessin

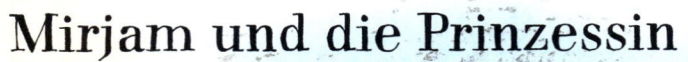

Exodus 1,1–2,10

Noch viele Jahre, nachdem Josef gestorben war, lebten Israeliten in Ägypten. Gott segnete sie mit vielen Kindern, und sie wurden zu einem großen Volk. Als ein neuer König sein Amt antrat, hatte er Angst, die Israeliten würden zu mächtig werden in seinem Land. Er machte sie zu Sklaven und zwang sie, für ihn zu arbeiten. Und er befahl, dass seine Soldaten alle neugeborenen Jungen töten sollten, damit das Volk Israel nicht noch stärker würde.

Zu dieser Zeit brachte Jochebed einen Sohn zur Welt. Sie liebte ihn und tat alles, um das Baby zu verstecken, damit die ägyptischen Soldaten es nicht finden würden. Aber als er älter wurde und krabbeln wollte, wusste sie, dass sie ihn nicht länger verstecken konnte.

Da nahm sie einen kleinen Korb und dichtete ihn gut ab. Sie legte den kleinen Mose hinein und ließ den Korb auf dem Nil schwimmen in der Hoffnung, dass seine Reise in die Sicherheit führen würde. Moses große Schwester Mirjam passte aus sicherer Entfernung auf, was mit dem kleinen Boot auf dem Fluss passierte.

Und so sah sie, wie eine ägyptische Prinzessin, die gerade badete, das Körbchen entdeckte. Sie holte es aus dem Wasser und fand den kleinen Jungen darin.

Rasch lief Mirjam hin und fragte, ob sie eine Amme holen sollte, die das Kind stillte. Und so kam es, dass die Mutter Mose stillen konnte, während seine Pflegemutter, die Prinzessin, ihn zu sich nahm und beschützte.

Der brennende Busch

Exodus 2,11–21; 3,1–4,15

Als Mose zu einem jungen Mann herangewachsen war, sah er eines Tages, wie ein ägyptischer Sklaventreiber einen Israeliten heftig schlug. Das konnte er kaum ertragen und er wurde so wütend, dass er alle Kontrolle über sich verlor: Aus lauter Hass und Verachtung tötete er den Sklaventreiber. Wie furchtbar! Mose war so erschrocken über sich selbst, dass er weglief und sich in der Wüste versteckte. Zurück zum Hof des Pharaos konnte er danach nicht mehr.

Später heiratete Mose eine Frau in Midian. Eines Tages, als er dort die Schafherde seines Schwiegervaters hütete, entdeckte er einen brennenden Dornbusch. Und aus diesem Dornbusch sprach Gott zu ihm: „Geh zum Herrscher von Ägypten", sagte Gott, „und sage ihm, dass er mein Volk gehen lassen soll." Und seinem eigenen Volk, den Israeliten in Ägypten, sollte Mose sagen, dass sie das Land verlassen sollten.

Mose hatte große Angst davor, zum Pharao zu gehen. Aber Gott sagte: „Nimm deinen Bruder Aaron mit dir. Ich werde euch erklären, was ihr sagen sollt."

Die Plagen in Ägypten

Exodus 7,15–11,10

Also nahm Mose seinen Bruder Aaron und ging mit ihm zum Pharao, dem König von Ägypten.

„Gott sagt: Lass mein Volk frei!", erklärten sie ihm. Doch der Pharao hörte nicht auf sie und befahl den Sklaventreibern, die Israeliten noch härter arbeiten zu lassen.

Da schickte Gott schreckliche Plagen, um dem Pharao seine Macht zu zeigen. Das Wasser des Nil färbte sich blutrot, sodass es die Ägypter ekelte, daraus zu trinken. Tausende von Fröschen waren plötzlich in allen Häusern, Mücken, Stechfliegen und ein Hautausschlag, der Blattern genannt wird, machten den Menschen das Leben zur Hölle. Eine Krankheit befiel das Vieh, es gab Hagel, der die Ernte zerstörte, drei Tage blieb es völlig dunkel, und dann kam auch noch eine Heuschreckenplage. Es war furchtbar! Bei jeder Plage sagte der Pharao, wenn sie vorbei sei, würde er die Israeliten freilassen. Doch jedes Mal tat er es dann doch nicht.

Die Flucht aus Ägypten

Exodus 12,21–38; 13,21–14,31

So waren die Israeliten nach neun schrecklichen Plagen immer noch Sklaven in Ägypten. Doch jetzt kündigte Gott die letzte und schrecklichste Plage an. Mose sollte den Israeliten sagen, dass sie nun bald frei sein und Ägypten verlassen würden. Sie sollten ihre Sachen packen und ihre Türen mit dem Blut eines geschlachteten Lamms markieren. Das Lamm sollten sie mit Kräutern braten und Brot dazu essen, aber sie sollten schon ihre Schuhe und Mäntel anhaben und bereit zum Aufbruch sein.

In dieser Nacht kam der Tod. Verschont blieben nur Familien, die in den Häusern mit vom Lammblut markierten Türen wohnten. Doch jeder erstgeborene ägyptische Junge starb – auch der Sohn des Pharaos. Es war entsetzlich.

Da bekam der Pharao große Angst und schrie Mose an: „Nimm deine Leute und alles, was euch gehört, und verschwindet!"

Nun war es also endlich so weit: Das Volk der Israeliten machte sich auf den Weg. Die Ägypter waren so froh, dass sie endlich gingen, dass sie ihnen noch Silber und Gold mit auf den Weg gaben. Gott aber erschien als Wolkensäule, um sie am Tag zu führen, und als Feuersäule, um ihnen nachts den Weg zu zeigen. Und Mirjam, die Schwester von Mose, ging mit ihm und Aaron vorne im Zug.

Das Volk Israel war aber noch nicht weit gekommen, da änderte der Pharao seine Meinung. Er nahm seine besten Soldaten und die schnellsten Kriegswagen und jagte hinter den Israeliten her. Plötzlich saßen die Israeliten in einer ausweglosen Falle. Vor ihnen lag ein Meer und hinter ihnen war die Armee des Pharaos. Alle hatten große Angst, doch Mose sprach zu ihnen: „Gott wird beweisen, dass er auf uns aufpasst."

Er hob den Arm und streckte seinen Stab aus über das Wasser des Meeres. Da erhob sich plötzlich ein Ostwind, der so stark war, dass er das Wasser vor ihnen auseinanderblies. Mitten im Meer war ein Weg! Nun konnten die Israeliten hindurch-gehen und gelangten so sicher an die andere Seite. Dort streckte Mose wieder seine Hand aus, und das Wasser lief zurück – gerade als die Ägypter ihnen folgen wollten. Nun war Gottes Volk endlich wirklich frei.

Zehn Lebensregeln

Exodus 20,1–17

Lange Jahre wanderte das Volk Gottes durch die Wüste. Doch sie litten weder Hunger noch Durst, denn Gott versorgte sie mit allem, was sie brauchten.

Als sie am Berg Sinai lagerten, gab Gott Mose zehn Regeln, damit das Volk in Frieden zusammenleben konnte.

Das sind sie:

1. Ich bin dein Gott, der dich aus Ägypten gerettet hat, als ihr dort Sklaven wart. Du sollst niemand anderen anbeten.
2. Mach dir keine Götterbilder oder Statuen, die du anbetest.
3. Du sollst meinen Namen ehren, aber ihn nicht benutzen zum Fluchen.
4. Ein Tag in der Woche soll ein besonderer sein, an dem du dich ausruhst von deiner Arbeit.
5. Liebe deinen Vater und deine Mutter.
6. Du sollst niemanden töten.
7. Du sollst deinen Mann oder deine Frau lieben und treu sein.
8. Du sollst nicht stehlen.
9. Du sollst keine Lügen über andere Leute verbreiten.
10. Du sollst nicht neidisch sein und haben wollen, was andere besitzen.

Rahab und die Kundschafter

Josua 2,1–13

Vierzig Jahre lang zogen die Israeliten durch die Wüste. Als Mose starb, übernahm Josua die Führung. Gott hatte ihm den Auftrag gegeben, das Volk nun in das Land Kanaan zu bringen.

Josua schickte erst einmal Kundschafter in die Stadt Jericho. Die kehrten bei einer Frau ein, die Rahab hieß. Der König von Jericho fand jedoch heraus, dass sie dort waren. Er kam und rief: „Rahab! Bring sofort die Männer heraus, wir wissen, dass sie bei dir sind! Sie wollen uns ausspionieren."

Schnell versteckte Rahab die Kundschafter unter der Wolle, die auf ihrem Dach lag.

Dann ging sie hinaus und sagte: „Ja, sie waren hier, aber sie haben die Stadt schon wieder verlassen, bevor die Tore geschlossen wurden."

„Warum hilfst du uns?", wollten die Kundschafter wissen.

Da antwortete Rahab: „Wir haben gehört, dass euer Gott euch durch das Wasser geholfen hat. Und wir haben alle Angst vor euch. Euer Gott ist der wahre Gott. Bitte verschont meine Familie, wenn ihr nach Jericho kommt. Erinnert euch dann daran, dass ich euch geholfen habe!"

Die Mauern stürzen ein

Josua 2,21; 6,1–23

Rahab ließ ein Seil aus ihrem Fenster, und die Kundschafter konnten von dort aus fliehen, weil Rahabs Haus direkt an der Stadtmauer lag. Sie verabredeten, dass sie als Erkennungszeichen ein rotes Seil dort hängen lassen sollte.

Als Josua hörte, wie sehr sich die Leute in Jericho vor den Israeliten fürchteten, wusste er, dass es nun so weit war – bald würden sie die Stadt Jericho und das versprochene Land Kanaan erreichen. Alle waren sehr aufgeregt.

Gott erklärte Josua, was zu tun war: Sechs Tage lang sollte das ganze Volk Israel einmal am Tag stumm hinter den Priestern her um die Mauern von Jericho marschieren, während die Priester in ihre Trompeten bliesen. Die Priester sollten dabei die Bundeslade tragen. Das war eine ganz besondere Truhe, in der die zehn Lebensregeln aufgehoben wurden. Am siebten Tag sollten sie sieben Mal um die Stadtmauern marschieren und dann, wenn die Trompeten zum siebten Mal erklangen, in lautes Kriegsgeschrei ausbrechen.

Genau so geschah es. Und als alle Israeliten anfingen zu schreien, stürzten die Mauern von Jericho in sich zusammen. Die Israeliten sahen aber das rote Seil an Rahabs Haus und verschonten sie und ihre Familie bei der Eroberung.

Die Kanaaniter wehren sich

Richter 4,1–23

Das Volk Gottes ließ sich in Kanaan nieder. Aber nachdem Josua gestorben war, vergaßen sie Gott und seine Gebote nach und nach. Sie beteten zu anderen Göttern und dachten nicht mehr daran, wie sie aus Ägypten gerettet worden waren. Erst als andere Völker begannen, sie anzugreifen, erinnerten sie sich an Gott und baten ihn wieder um Hilfe.

Die Richterin Debora vertraute Gott. Sie gab dem Anführer Barak den Auftrag, mit seinen Truppen eine Schlacht zu führen gegen Sisera, den Feldhauptmann von König Jabin.

Barak aber hatte Angst und sagte: „Das mache ich nur, wenn du mitkommst!"

Also zog Debora mit in die Schlacht, und die Israeliten konnten die Truppen des Königs besiegen. Der Feldhauptmann Sisera aber hatte am Ende solche Angst, dass er floh und sich im Zelt einer Frau namens Jael versteckte. Doch als er eingeschlafen war, erschlug Jael ihn mit einem Zeltpfosten.

Gottes Zeichen für Gideon

Richter 6,1–7,23

Danach herrschte im Land erst einmal Frieden – bis die Israeliten wieder anfingen zu vergessen, wie sehr Gott ihnen geholfen hatte. Erst als sie wieder in Not gerieten, begannen sie erneut, zu Gott zu beten. Dieses Mal waren es die Midianiter, die den Israeliten das Leben schwer machten. Wieder und wieder kamen sie auf ihren Kamelen und stahlen den Israeliten ihre Ernte.

Gott schickte Gideon, um seinem Volk zu helfen. Gideon aber hatte Angst. Er verlangte ein Zeichen von Gott, dass er wirklich die Israeliten anführen sollte. Er legte Wolle auf den Boden und bat Gott, dass am nächsten Morgen nur die Wolle vom Tau feucht sein sollte und der Boden rundherum trocken. Und so war es. In der nächsten Nacht bat er Gott, dass die Wolle trocken sein sollte und der Boden feucht. Und so war es.

Gideon hatte zwar immer noch Angst, aber er vertraute nun fest darauf, dass Gott ihm helfen würde. So führte er eine kleine Armee von nur dreihundert Männern bei Nacht in das Lager der Midianiter. Und wie Gott es ihm versprochen hatte, konnte er die Feinde vertreiben.

Der starke Simson

Richter 13,24–16,30

Lange nachdem Gideon gelebt hatte, begannen die Philister, das Volk Israel zu unterdrücken. Dieses Mal sandte Gott Simson, um ihnen zu helfen.

Simson war ein sehr auffälliger Mann. Er hatte lange Haare und trug sie in sieben Zöpfen. Bärenstark war er, so stark, dass er mit bloßen Händen einen ausgewachsenen Löwen besiegen konnte. Die Philister hatten große Angst vor ihm, und solange er Richter war, war das Volk Gottes in Sicherheit.

Doch Simson hatte eine Schwäche: Er liebte schöne Frauen. Die Philister wussten das, und so gaben sie Delilah Geld, damit sie sich auf Simson einließ. Sie sollte herausfinden, wie Simson besiegt werden könnte. Sie schmeichelte ihm und bettelte jeden Tag darum, ihr zu sagen, warum er so stark sei.

Eines Tages wurde Simson schwach und erzählte es ihr: „Von Geburt an bin ich ein Geweihter Gottes. Deshalb dürfen mir nie die Haare geschnitten werden, sonst wäre ich genauso stark oder schwach wie jeder andere Mann."

Das erzählte Delilah den Philistern, und eines Nachts, als er schlief, schnitten sie ihm die Haare ab. Jetzt war er schwach, und sie warfen ihn ins Gefängnis.

Einige Zeit später feierten die Philister ein großes Fest. Unzählige Menschen kamen und wollten den besiegten Simson sehen, von dem sie so viel gehört hatten. Er wurde aus dem Gefängnis geholt und zwischen zwei Säulen angebunden. Die Philister lachten ihn aus und spotteten über ihn.

Simson aber betete zu Gott: „Bitte, Gott, gib mir nur noch einmal meine alte Kraft zurück, damit ich deine Feinde zerstören kann. Ich will mit ihnen sterben." Gott erhörte sein Gebet. Da zog Simson mit all seiner Kraft an den Fesseln, und die beiden Säulen gaben nach. Das ganze Gebäude fiel in sich zusammen und alle, die darin waren, starben. Und mit ihnen starb auch Simson.

Noomis Heimkehr

Rut 1,1–22

Als eine große Hungersnot hereinbrach, zogen Elimelech und seine Frau Noomi mit ihren beiden Söhnen ins Land der Moabiter. Dort starb Elimelech. Seine Söhne aber verliebten sich in Orpa und Rut und heirateten sie. So lebten sie einige Zeit glücklich, bis auch Noomis Söhne starben. Damit hatte Noomi alles verloren, was ihr lieb war, und sie wollte wieder zurück in ihre alte Heimat.

„Geht zurück zu euren eigenen Müttern", sagte sie ihren Schwiegertöchtern. „Ihr wart gut zu mir, aber jetzt bin ich allein. Ich wünsche euch beiden mit neuen Ehemännern und Familien alles Gute. Gott segne euch."

Orpa und Rut weinten und umarmten Noomi. Orpa ging schließlich zu ihrer Familie zurück. Doch Rut sagte: „Ich möchte mit dir kommen, ich will dich nicht alleine lassen. Bitte zwing mich nicht, dich zu verlassen. Wo du hingehst, dahin will auch ich gehen. Und ich werde zu deinem Gott beten."

So gingen Rut und Noomi gemeinsam nach Bethlehem.

Rut und Boas

Rut 2,1–4,16

Als Noomi und Rut in Bethlehem ankamen, war gerade Erntezeit. Rut ging jeden Tag auf die Felder, um Korn zu sammeln, das die Erntearbeiter zurückgelassen hatten. So sorgte sie dafür, dass sie und Noomi genug zu essen hatten.

Die Felder aber gehörten Boas, einem entfernten Verwandten von Noomis verstorbenem Mann.

Als er Rut sah, ging er hin und fragte: „Wer bist du?"

Nachdem sie es ihm erzählt hatte, erlaubte ihr Boas, jeden Tag zu kommen und so viel aufzulesen, wie sie wollte. Denn er war dankbar, dass sie Noomi beistand, und er wünschte ihr Gottes Segen. Noomi freute sich, dass sie nun nicht zu hungern brauchten und dass Rut und Boas sich kennengelernt hatten. Nach der Erntezeit sorgte sie dafür, dass die beiden sich öfter sahen und sich näherkamen.

Noomi war überglücklich. Sie hatte alles verloren, doch jetzt war sie zurück in ihrer Heimat, sie hatte genug zu essen und bald heirateten Rut und Boas. Als sie Obed, den Sohn der beiden, in den Armen hielt, fühlte es sich an, als sei er ihr eigener Enkelsohn. Noomi spürte, dass Gott sie gesegnet hatte.

Der Junge im Tempel

1. Samuel 1,1–11; 1,20; 3,1–10

Hanna war schon viele Jahre verheiratet, aber sie hatte noch immer keine Kinder. Darüber war sie sehr traurig, denn sie wünschte sich so sehr ein Baby. Sie betete viel und versprach Gott, ihm ihr ganzes Leben lang zu dienen, wenn sie einen Sohn bekäme.

Schließlich erhörte Gott Hannas Gebete und sie bekam einen Sohn, den sie Samuel nannte. Als er alt genug war, brachte Hanna ihn zu Eli, dem Priester. Samuel lebte mit Eli im Tempel und lernte, Gott zu dienen.

Eines Nachts hörte Samuel, wie jemand seinen Namen rief. Er dachte, es sei Eli, aber als er zu ihm ging, sah er, dass Eli tief und fest schlief. Doch kaum lag er im Bett, hörte Samuel wieder, wie jemand ihn rief. Zum zweiten Mal ging er zu Eli. Der wurde wach und sagte: „Geh zurück ins Bett, ich habe dich nicht gerufen."

Als Samuel zum dritten Mal zu Eli kam, erkannte dieser, dass es wohl Gott war, der Samuel rief. Da sagte er zu Samuel, er solle Gott antworten. Also sprach Samuel: „Sprich zu mir, Herr, ich höre!"

Und Gott redete mit Samuel. Und Samuel hörte ihn. Von da an versuchte er, den Menschen zu helfen, so zu leben, wie Gott es gefiel.

Der erste König

1. Samuel 8,5–10,7; 15,1–23

Viele Jahre war Samuel seinem Volk ein guter Führer. Als er aber sehr alt geworden war, kamen die Leute zu ihm und sagten: „Du wirst nicht bis in alle Ewigkeit bei uns sein. Wir wollen einen König, so wie die anderen Völker um uns herum."

Samuel sprach: „Gott ist euer König", doch damit waren sie nicht zufrieden. Da sagte Gott zu Samuel, er solle den Leuten geben, was sie wollten, und Saul zum ersten König von Israel salben.

Samuel zog also los, um Saul zu suchen. Der wiederum suchte gerade nach den Eseln seines Vaters. Samuel sprach zu ihm: „Mach dir keine Sorgen um die Esel. Wir haben Wichtigeres zu tun."

Saul war erstaunt, als er die Geschichte hörte. Aber er ließ sich von Samuel zum König salben.

In den ersten Jahren hörte König Saul auf Gott und tat alles, was Gott wollte. Aber als er merkte, wie sehr ihn die Menschen liebten, vergaß er, dass es Gott war, der ihn zum König gemacht hatte. Er begann, einfach zu tun, was er wollte.

Aber Samuel warnte ihn: „Sei vorsichtig! Wenn du jetzt Gott zurückweist, wird Gott bald dich zurückweisen."

Der letzte Sohn

1. Samuel 16,1–13

Samuel machte sich große Sorgen um Saul. Aber Gott wusste schon, wie er alles zum Guten wenden konnte. Er sagte zu Samuel: „Geh nach Bethlehem in das Haus von Isai. Er hat einen Sohn, und der wird der nächste König von Israel."

Also ging Samuel nach Bethlehem und lud Isai und seine Söhne zu einem Festessen ein. Als Samuel Isais ältesten Sohn sah, dachte er: „Das muss der Mann sein, den Gott auserwählt hat!" Denn er war groß und gut aussehend. Gott aber sagte: „Du achtest zuallererst darauf, wie der Mann aussieht. Ich aber achte darauf, was in ihm ist. Das ist nicht der Mann, den ich auserwählt habe!"

Isai stellte Samuel sechs weitere Söhne vor. Alle waren groß und gut aussehend. Aber offenbar hatte Gott keinen von ihnen auserwählt, König von Israel zu werden.

„Jetzt habe ich nur noch einen Sohn", sagte Isai. „Nur noch David, meinen Jüngsten. Der ist gerade draußen und hütet die Schafe."

Samuel ließ David zum Festessen holen, und als er kam, sagte Gott zu Samuel: „Das ist der, den ich auserwählt habe. Salbe du ihn zum König!"

Das Hirtenlied

1. Samuel 16,14–23; Psalm 23

Eines Tages also sollte David König von Israel werden. Doch noch war er ein Hirtenjunge und sorgte für die Schafe seines Vaters. David verbrachte viel Zeit damit, auf seiner Harfe zu spielen und Lieder zu dichten. Eines seiner schönsten und bekanntesten Lieder handelt von Gott als Hirte der Menschen.

„Der Herr ist mein Hirte, es wird mir an nichts mangeln", sang David. Und davon, dass wir uns nicht fürchten müssen, weil Gott uns beschützt, selbst wenn andere böse zu uns sind und uns wehtun wollen. Es ist ein schönes Lied, vielleicht magst du es nachschlagen und auswendig lernen. Viele Menschen hat es schon sehr getröstet.

König Saul war oft sehr unglücklich. Doch einer seiner Leute wusste, dass David die Harfe spielte, und dachte, Davids Musik könnte den König vielleicht aufheitern. So kam es, dass David für den König Harfe spielen durfte. Es gefiel Saul sehr und er mochte es, wenn David bei ihm war.

David gegen Goliat

1. Samuel 17,1–50

Die Philister rüsteten sich für den Kampf gegen die Israeliten. Unter ihnen gab es einen Mann, der größer und stärker war als alle anderen, der hieß Goliat.

Eines Tages, als David in Sauls Lager war, hörte er, wie Goliat brüllte: „Ist da ein Mann in der Armee des Königs, der tapfer genug ist, um gegen mich zu kämpfen?"

David wurde zornig, denn wenn dieser Kerl sich über das Volk Gottes lustig machte, dann spottete er damit ja auch über Gott selbst. Er dachte: „Wenn kein anderer den Mut hat zu kämpfen, dann tue ich es eben!"

Saul gab David seine eigene Rüstung. Doch die war viel zu schwer für ihn, und der Helm rutschte ihm über die Augen. Da nahm David die Rüstung ab und sagte: „Gott hat mich schon früher beschützt, Gott wird mir auch jetzt helfen."

David suchte sich fünf Steine im Flussbett und stellte sich dem Riesen gegenüber. Der schäumte vor Wut. Wollten sich die Israeliten etwa über ihn lustig machen, indem sie diesen Jungen mit ein paar Steinen in der Hand gegen ihn antreten ließen? David legte einen Stein in seine Schleuder und zielte auf Goliat.

Und er traf den einzigen Punkt, den Goliats Helm nicht bedeckte: mitten auf der Stirn. Der riesige Mann fiel um und war tot.

Du kannst dir vorstellen, was für ein Jubel im ganzen Lager ausbrach! David war der Held des Tages. Gott hatte ihm beigestanden!

Salomos Geschenk von Gott

1. Könige 2,1–4; 3,5–15

Als Saul erkannte, dass David von Gott gesegnet war, wurde er eifersüchtig – so eifersüchtig, dass er mehrere Male versuchte, ihn zu töten. Doch David überlebte, und als Saul starb, wurde David König. Es folgten viele Jahre des Friedens im Land Israel. Als David im Sterben lag, ließ er seinen Sohn Salomo zu sich holen.

„Bald wirst du der König sein. Achte stets darauf, Gott zu dienen", gab er ihm als Rat mit auf den Weg. Und: „Folge Gottes Geboten, und du wirst ein guter König sein."

Eines Nachts träumte Salomo, dass Gott ihm alles geben würde, was er sich wünschte.

„Aber was soll ich mir wünschen?", fragte Salomo. „Ich habe doch schon alles! Aber eins vielleicht: Schenke mir Weisheit. Dann kann ich ein guter König werden und glücklich sein."

Gott freute sich über diese Antwort. So hatte Salomo Weisheit, Reichtum und Macht. Und alle Menschen liebten Salomo.

Ein sehr weiser König

1. Könige 3,16–28

Eines Tages, als Salomo zu Gericht saß, gab es einen heftigen Streit. Zwei Frauen kamen und baten Salomo um ein gerechtes Urteil.

Die eine erzählte: „Jede von uns hatte einen Sohn. Eines Nachts starb ihr Kind, und da hat sie meinen Sohn gestohlen und ihr totes Baby in sein Bett gelegt!"

„Das ist nicht wahr", rief die andere Frau. „Das tote Baby gehörte ihr!"

„Langsam", sagte Salomo. „Schneidet doch einfach das Kind in zwei Teile, dann werdet ihr beide glücklich sein."

„Ja, schneidet es entzwei", stimmte die erste Frau zu.

Die echte Mutter aber schrie: „Niemals! Lieber gebt ihr ihr das Kind, als dass ihr es tötet!"

Salomo lächelte. Nun wusste er, wer die wahre Mutter war, denn sie würde alles tun, um ihr Kind zu schützen. Und er sprach das Kind ihr zu. Dankbar für dieses Urteil ging sie mit ihrem Kind auf den Armen aus dem Gerichtssaal.

Die Menschen im Land hörten von dieser weisen Entscheidung und sahen, dass Salomo von Gott gesegnet war. Und Salomo baute in Jerusalem einen wunderbaren Tempel, damit die Menschen dort Gottesdienst feiern und zu Gott beten konnten. Ja, er war ein weiser und guter König für Israel.

Die große Dürre

1. Könige 17,1–6

Nach Salomo gab es einen König, der Ahab hieß. Doch Ahab war ein schlechter König. Er hörte nicht auf den Gott Israels, sondern betete zum Gott Baal.

Der Prophet Elia warnte ihn: „Höre auf, diese falschen Götter anzubeten! Du sollst zum lebendigen Gott Abrahams und Isaaks und Jakobs beten! Wenn du so weitermachst, wird es eine große Dürre geben."

König Ahab wurde sehr, sehr zornig. Und er änderte nichts.

Da hörte es auf zu regnen. Wochen und Monate vergingen, doch es blieb heiß, staubig und trocken. Für Elia aber hatte Gott gesorgt. Er trank Wasser aus dem Bach Krit und Raben brachten ihm Brot und Fleisch.

Als der Bach Krit auch austrocknete, wusste Elia, dass Gott ihm sagen würde, was nun zu tun war.

Die Frau, die teilte

1. Könige 17,7–16

Gott sagte zu Elia: „Geh nach Sarepta. Dort habe ich einer Witwe befohlen,
dich zu versorgen." Und Elia ging und fand die Frau, als sie gerade Holz
sammelte für ihr Feuer. Sie hatte nur noch einen Tropfen Öl im Krug
und eine Handvoll Mehl. Daraus wollte sie ein letztes Brot für
sich und ihren Sohn backen und dann sterben, denn sie
hatten sonst nichts mehr zu essen. Aber als Elia sie um
Essen bat, knetete sie das Mehl, backte ein Brot und teilte
das Brot mit ihrem Sohn und Elia.

Doch als sie danach in den Krug schaute, war wieder
Öl darin, und im Topf war wieder genügend Mehl für
ein weiteres Essen. Solange die Frau ihr Essen mit Elia
teilte, sorgte Gott dafür, dass sie und ihr Sohn keinen
Hunger leiden mussten.

König Ahab

1. Könige 18,3–15

Obadja war König Ahabs Hofdiener und musste für Wasser und Essen für alle Menschen im Königspalast sorgen. Ahab hatte viele der Propheten Gottes getötet. Obadja aber liebte Gott und setzte sein eigenes Leben für ihn aufs Spiel. Er hatte hundert treue Propheten Gottes in zwei Höhlen versteckt und brachte ihnen jeden Tag Brot und Wasser.

Eines Tages traf er Elia auf der Straße.

„Bist du das wirklich?", fragte er.

„Ja, ich bin es", sagte Elia. „Geh zum König und sag ihm, dass ich hier bin."

„Aber er wird mich töten!", rief Obadja. „Weißt du denn gar nicht, wie sehr er erbost ist? Es gibt keinen Ort auf der Welt, an dem er nicht nach dir gesucht hat! Sobald ich ihm von unserem Treffen erzählt habe, wirst du sicher wieder abtauchen und dann trifft mich sein Zorn!"

„Berichte ihm, dass ich hier bin", sagte Elia. „Ich bleibe hier und werde noch heute mit ihm sprechen."

Gott wählen

1. Könige 18,16–24

„Aha, da ist also der Unruhestifter!", sagte Ahab, als er Elia sah.

„Nein", antwortete der. „Du und deine Familie, ihr seid es, die Unruhe, Sorgen und Probleme gebracht haben. Ihr habt Götter aus Holz und Stein angebetet, die nichts tun können, um dem Volk Israel zu helfen. Ihr habt euch abgewendet von Gott, der Himmel und Erde geschaffen hat!"

Und er fügte hinzu: „Lass uns einander treffen auf dem Berg Karmel mit dem ganzen Volk Gottes und mit all den falschen Propheten, auf die du hörst!"

König Ahab kam mit allen zum Berg, und sie hörten sich an, was Elia zu sagen hatte.

Elia rief: „Entscheidet euch! Wenn der Herr euer Gott ist, dann folgt ihm und seinen Geboten. Aber wenn dieser falsche Gott Baal euer Gott ist, dann folgt ihm. Es ist Zeit, dass ihr euch klar entscheidet!"

Elia auf dem Berg

1. Könige 18,25–39

Die Propheten Baals bereiteten ein Stieropfer auf dem Altar vor. Elia hatte sie herausgefordert, ihren Gott anzurufen, damit er Feuer bringen würde. Die Propheten fingen an zu tanzen und zu rufen und zu beten.

„Hat euer Gott vielleicht gerade Urlaub?", spottete Elia. „Oder hält er ein kleines Schläfchen?"

Die Propheten tanzten weiter und beteten, sie riefen und riefen, aber es passierte – nichts.

Nun war Elia an der Reihe. Er hatte nicht nur seinen Altar vorbereitet, sondern auch noch unter Wasser gesetzt. Dann fing er an zu beten. „Gott, du bist der Gott Abrahams und Isaaks und Jakobs. Du bist der Gott Israels. Zeige allen hier, dass du da bist, und hilf ihnen, dass sie ab jetzt dir folgen und dich anbeten!"

Da fiel Feuer aus dem Himmel. Es verbrannte das Opfer auf dem nassen Holz und trocknete alles rundherum. Als die Menschen das sahen, fielen sie nieder und beteten: „Der Herr ist unser Gott!"

Jona läuft weg

Jona 1,1–2,10

Eines Tages sagte Gott zu dem Propheten Jona: „Geh nach Ninive! Die Menschen dort benehmen sich fürchterlich. Ich will, dass sie sich ändern."

Jona hörte das – aber er hatte keine Lust, nach Ninive zu gehen. Deshalb kaufte er eine Fahrkarte für ein Schiff, das in die entgegengesetzte Richtung fuhr. Dann machte er es sich gemütlich und schlief ein.

Während Jona schlief, verdunkelte sich der Himmel, und ein schwerer Sturm kam auf. Die Mannschaft warf so viel Ladung wie möglich über Bord, denn sie hatte Angst zu kentern. „Wach auf, Jona!", riefen sie. „Bete, dass Gott uns rettet!"

Jona erkannte, dass Gott den Sturm geschickt hatte, weil er sich geweigert hatte, nach Ninive zu gehen.

„Ich diene dem Gott, der Erde und Wasser geschaffen hat", sagte er. „Werft mich ins Meer und ihr werdet gerettet sein."

Also warfen sie Jona über Bord, und er fiel ins tiefe Meer und betete zu Gott, ihn zu beschützen. Da sandte Gott einen großen Fisch – der verschluckte Jona einfach.

Sobald das geschehen war, legte sich der Sturm, und das Meer wurde wieder ruhig. Drei Tage und drei Nächte lang blieb Jona im Bauch des Fisches. Er betete: „Ich habe zu dir gerufen, als ich Angst hatte, und du hast mir geantwortet. Ich drohte zu ertrinken, aber du hast mich gerettet und mir mein Leben wieder gegeben. Ich danke dir, mein Gott!"

Gott vergibt

Jona 3,1–10

Gott erhörte Jonas Gebet und brachte den großen Fisch dazu, ihn einfach an den Strand zu spucken. Gott wiederholte noch einmal seinen Befehl, und dieses Mal machte sich Jona auf nach Ninive. Drei Tage lang ging er durch die Stadt und sagte den Menschen, wie enttäuscht Gott darüber war, wie sie lebten. Sie sollten aufhören, so schreckliche Dinge zu tun und die Gebote zu missachten.

Zu seiner Überraschung hörten die Leute auf ihn! Sie erkannten, wie falsch ihr Leben war, und wollten es ändern. Alle in der Stadt hörten auf zu essen und zu trinken, sie fasteten, damit Gott sah, dass sie ihr Leben wirklich ändern wollten.

Gott freute sich, dass Jona seinen Auftrag so gut erfüllt hatte. So vernichtete Gott Ninive nicht, sondern vergab den Menschen, die dort lebten, und es gab einen Neuanfang.

Jona murrt

Jona 4,1–11

Jona aber ärgerte sich im Grunde, dass Gott die Stadt nicht zerstört hatte.

„Ich habe geahnt, dass so was passiert, Gott!", sagte er. „Ich weiß, dass du die Menschen liebst und freundlich zu uns bist. Ich habe gewusst, dass du den bösen Menschen in Ninive vergeben würdest, obwohl sie es nicht verdient haben. Deshalb bin ich doch auf das Schiff gestiegen. Ich wollte ihnen deine Nachricht nicht überbringen."

Jona baute sich vor der Stadt eine Hütte, setzte sich davor und schmollte. Da ließ Gott einen Weinstock wachsen über den Unterschlupf, der Jona Schatten gab. Das freute Jona, doch am nächsten Tag kam ein Wurm, der die Weinpflanze fraß und wieder zerstörte. Jona wurde es sehr heiß in der Sonne und er fühlte sich furchtbar elend.

„Nun", sagte Gott. „Du bist jetzt traurig, dass die Pflanze gestorben ist, obwohl du sie nicht wachsen hast lassen. Kannst du dir vorstellen, wie traurig ich wäre, wenn die Menschen in Ninive gestorben wären? Ich habe doch jeden einzelnen geschaffen, und jeder von ihnen liegt mir am Herzen."

Gottes Plan für Jeremia

Jeremia 1,4–9; 52,1–27; 2. Chronik 36,11–21

Gott sprach zu Jeremia: „Noch bevor du geboren wurdest, habe ich dich auserwählt. Ich möchte, dass du für mich redest, damit Menschen hören, was ich sagen will." Da antwortete Jeremia: „Wie soll das gehen, ich bin doch noch viel zu jung!" Aber Gott beruhigte ihn und sagte: „Hab keine Angst, ich stehe dir bei. Ich will dir helfen, damit du weißt, was du sagen sollst."

Also redete Jeremia von Gott, doch keiner wollte ihn hören. Die Menschen hatten einfach keine Lust, sich an Gottes Regeln zu halten.

„Hört doch auf Gott!", sagte Jeremia. „Gott warnt euch. Die Babylonier werden kommen und Jerusalem zerstören und aus Gottes Tempel alles Kostbare stehlen! Viele werden sterben, andere werden gefangen genommen!"

Immer wieder versuchte Jeremia, die Leute zu warnen, aber alle ignorierten ihn. König Zedekia warf ihn sogar ins Gefängnis.

Schließlich musste Jeremia mit ansehen, wie seine Prophezeiungen wahr wurden. Die Babylonier zerstörten die Mauern Jerusalems und plünderten den wunderbaren

Tempel, den König Salomo
erbaut hatte. Die Söhne von
König Zedekia wurden ermordet,
und der König selbst wurde so
geblendet, dass er erblindete. Mit
vielen anderen legten sie ihn in
Ketten und führten ihn ab.

Auch Jeremia fürchtete sich,
doch Gott sagte zu ihm: „Hab
keine Angst, Jeremia, ich werde dir
helfen." Jeremia sollte in Jerusalem
bleiben und den Menschen
beistehen, die dort zurückgeblieben
waren.

In Babylon

Daniel 1,3–20

Nebukadnezar war der König von Babylon. An seinem Hof ließ er die klügsten und schönsten jungen Männer aus Jerusalem ausbilden, damit sie ihm dienen konnten. Unter diesen jungen Männern waren Daniel, Hananja, Mischaël und Asarja. Sie bekamen das gleiche Fleisch zu essen und den gleichen Wein zu trinken wie der König. Doch Daniel spürte, dass dieses Essen und Trinken nicht gut für sie war, denn es war zuvor den falschen Göttern geweiht worden.

Deshalb sagte er zum Oberkämmerer des Königs: „Lasst uns nur von dem Gemüse essen. Und es reicht uns, wenn wir Wasser zu trinken haben." Der Oberkämmerer hatte Angst, dass Daniel und seine Freunde schwach und krank würden, wenn sie kein Fleisch mehr äßen. Aber nach zehn Tagen sah er, dass es ihnen ohne das Fleisch des Königs sogar noch viel besser ging als allen anderen.

Daniel, Hananja, Mischaël und Asarja wurden klug und berühmt und arbeiteten schon bald direkt für den König. Und Nebukadnezar war sehr zufrieden mit ihnen.

Träume und Visionen

Daniel 2,1–49

Eines Nachts hatte König Nebukadnezar einen schlimmen Traum. Er versammelte all seine Berater um sich und sagte: „Erzählt mir, was dieser Traum bedeutet – oder ich lasse euch umbringen!" Die weisen Männer sagten: „Das ist nicht möglich! Niemand kann wirklich Träume deuten!" Da wollte der König sie alle umbringen lassen.

Doch Daniel ging zum König und bat um mehr Zeit. Gemeinsam mit Hananja, Mischaël und Asarja betete er, den Traum des Königs zu verstehen und dadurch gerettet zu werden. In der Nacht hatte er eine Vision. Gott zeigte Daniel, was der Traum zu bedeuten hatte.

Am nächsten Morgen fragte der König: „Kannst du mir sagen, was ich geträumt habe?" Daniel antwortete: „Kein Mensch kann dir das sagen. Nur Gott im Himmel kann es, und er hat es mir gezeigt." Daniel begriff tatsächlich, was der König geträumt hatte: Das Reich Israel würde zerfallen und geteilt werden. Der König war so beeindruckt von Daniel, dass er ihn zum Obersten aller weisen Männer in Babylon machte.

Der glühende Ofen

Daniel 3,1–30

Um allen Menschen zu zeigen, wie mächtig er war, ließ König Nebukadnezar eine riesige goldene Statue bauen, die weit übers Land zu sehen war. Er befahl, dass jeder die Statue anbeten musste, wann immer Musik zu hören war. Wer das nicht tat, sollte in einen glühenden Ofen geworfen werden.

Alle hatten Angst vor dem König. Deshalb betete jeder die Statue an – außer Hananja, Mischaël und Asarja. Als der König das erfuhr, wurde er sehr zornig.

„Entweder ihr betet diese Statue an", rief er, „oder ich lasse euch in den glühenden Ofen werfen! Niemand kann euch dann noch retten!"

„Gott wird uns bewahren oder auch nicht", sagten die drei. „Aber wir werden nichts und niemanden anbeten außer Gott."

Da befahl Nebukadnezar, dass alle drei in den Ofen geworfen wurden. Aber als er in den Ofen sah, gingen darin nicht nur drei, sondern vier Männer umher. Da erkannte König Nebukadnezar, dass ein Engel Gottes Hananja, Mischaël und Asarja bewahrte. Und als sie wieder aus dem Ofen herauskamen, rochen sie noch nicht einmal nach Rauch. Nun wusste der König, dass der Gott der drei jungen Männer mächtiger war als alle anderen Götter.

Der König wird verrückt

Daniel 4,1–34

König Nebukadnezar hatte wieder einen schlimmen Traum. Als Daniel den Traum hörte, war er sicher, dass der König seine Deutung nicht hören wollte. Doch der König bestand darauf und sagte: „Erzähl es mir, Daniel, ich will den Traum verstehen!"

„Mir wäre lieber, wenn es in deinem Traum um deine Feinde ginge", sagte Daniel. „Aber es geht um dich. Deine Macht wird ein Ende haben. Wie ein Stück Vieh wirst du ausgestoßen werden aus dem Kreis der Menschen. Doch wenn du jetzt bereust, was du falsch gemacht hast, kannst du deinen Untergang vielleicht noch aufhalten. Handle so, wie es gut und richtig ist. Sei gütig, wo du vorher grausam warst."

Aber der König hörte nicht auf Daniel. Und so wurde sein Traum Wirklichkeit: Sein Haar wuchs so lang wie Adlerfedern, und seine Nägel bogen sich wie Vogelkrallen, und die Menschen mieden ihn. Doch eines Tages erkannte er, wie groß Gott ist und wie klein der Mensch, und sein Geist wurde wieder gesund.

Das Zeichen an der Wand

Daniel 5,1–30

Nach Nebukadnezar wurde sein Sohn Belsazar König. Er gab ein großes Fest, für das er die goldenen und silbernen Kelche aus dem Tempel holen und sie mit Wein füllen ließ.

Als er einen Schluck daraus nahm, erschienen plötzlich Worte an der Wand. Es sah aus, als würden sie von Menschenhand geschrieben. Belsazar schlotterten die Knie vor Angst, und er rief alle weisen Männer herbei, die er kannte. Doch niemand konnte die Worte an der Wand entziffern oder verstehen, was passiert war.

Da erinnerte sich jemand an Daniel. Belsazar ließ ihn holen und versprach ihm großartige Kleidung und teuren Schmuck, wenn er erklären könnte, was vor sich ging. Daniel aber wollte keine Belohnung. Doch er erklärte dem König, dass er bald nicht mehr König sein würde und sein Reich unter anderen Völkern, den Medern und den Persern, aufgeteilt würde. Und noch in derselben Nacht wurde Belsazar getötet und der Anführer der Meder, der Darius hieß, eroberte die Stadt.

In der Löwengrube

Daniel 6,1–28

König Darius erkannte, dass er Daniel vertrauen und sich auf ihn verlassen konnte. Bald gehörte Daniel zu den wichtigsten Leuten im Land. Deshalb aber waren viele neidisch auf ihn und fingen an zu überlegen, wie sie ihm eine Falle stellen könnten. Sie wussten, dass Daniel Gott liebte. Das wollten sie ausnutzen. So gingen die Neider zu König Darius und sagten: „Du bist ein toller König! Eigentlich müsste es ein Gesetz geben, dass nur du angebetet werden darfst im ganzen Land. Alle, die das nicht tun, sollten in eine Löwengrube geworfen werden!" Die Idee gefiel dem König ganz gut, und er begriff nicht, was für ein falsches Spiel da gespielt wurde.

Das Gesetz wurde erlassen, und Daniel kannte es. Doch er liebte Gott, hielt Gottesdienst und betete jeden Tag drei Mal. Die Männer, die schon so lange eifersüchtig waren, freuten sich diebisch und erzählten dem König davon. Der erkannte nun sehr wohl, was sie im Schilde führten. Aber er hatte keine andere Möglichkeit, als sich an das Gesetz zu halten, weil er es ja selbst gemacht hatte.

Also wurde Daniel in die Löwengrube geworfen. König Darius fühlte sich fürchterlich. Das hatte er nicht gewollt! Doch als er am nächsten Morgen Daniels Namen in die Löwengrube hineinrief, antwortete Daniel: „Ich bin hier, ich lebe! Gott hat mich beschützt, die Löwen haben mir nichts getan."

Da begriff König Darius, dass es Zeit war, ein neues Gesetz zu erlassen. „Daniels Gott kann Menschen retten, sogar aus den Klauen eines Löwen. Er ist der wahre Gott. Von nun an wollen wir alle ihn anbeten!"

Esra geht nach Hause

Esra 7,6–28

In Babylon lebten viele Israeliten, die von Jerusalem aus dorthin verschleppt worden waren. Der König Artaxerxes aber war ein guter Mann und erlaubte allen, die gehen wollten, nach Hause zurückzukehren. Er genehmigte sogar, dass sie Gold und Silber mitnehmen durften, damit sie den Tempel Gottes in Jerusalem wieder aufbauen konnten.

Esra war ein Priester und hatte die Gesetze Gottes studiert. Er suchte so viele Menschen zusammen, wie er nur konnte, um zurückzugehen in die Heimat und sich mit ihnen wieder in Jerusalem anzusiedeln. Esra betete und dankte Gott, dass er das Herz des Königs milde gestimmt hatte und die Israeliten einen neuen Anfang machen konnten.

Nach all den Jahren in Babylon gab Gott dem Volk Israel wieder eine Chance auf einen neuen Anfang in Jerusalem.

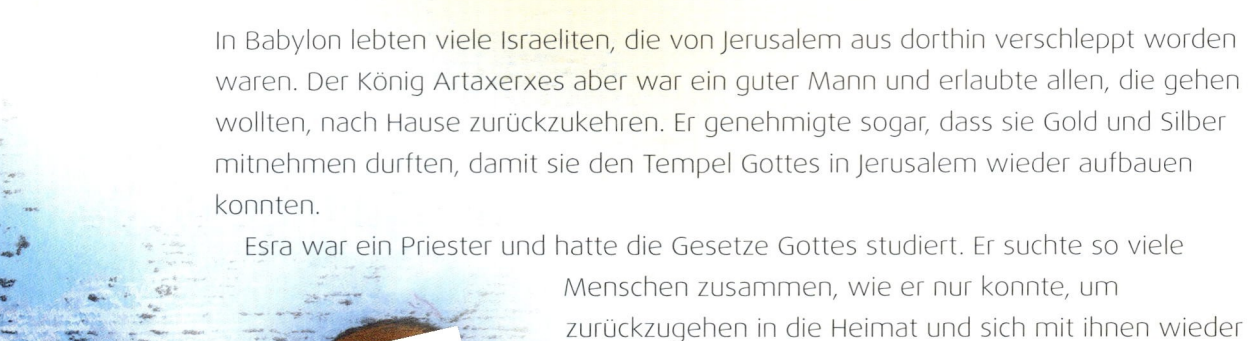

Zerstörte Mauern

Nehemia 2,1–18; 6,15; 8,5–10

Nehemia war noch nicht nach
Jerusalem zurückgekehrt,
sondern diente König Artaxerxes
als Kelchwächter. Da hörte er
eines Tages, dass der Tempel und
die Mauern in Jerusalem noch
immer in Trümmern lagen. Als der
König merkte, dass Nehemia traurig
war, fragte er nach dem Grund.

„Ich will nach Hause", sagte
Nehemia. „So gerne würde ich die
Mauern und Tore meiner Heimatstadt
wieder aufbauen!"

Artaxerxes gewährte Nehemia seinen
Wunsch. Doch er ließ ihn nicht nur gehen,
sondern gab ihm auch noch Holz aus seinen eigenen
Wäldern für den Wiederaufbau des Tempels mit.
O ja, Gott war ganz offensichtlich auf Nehemias Seite.

Als er wieder in Jerusalem war, half Nehemia, die Stadtmauer
mit all ihren Toren in nur zweiundfünfzig Tagen wieder aufzubauen.
Als sie fertig waren, stellte sich Esra auf den Platz vor einem der Tore
und las laut die Lebensregeln Gottes vor. Viele Menschen fingen an
zu weinen, weil sie wussten, wie oft sie ganz anders gelebt hatten.
Und sie dankten Gott, dass er ihnen zeigte, wie sie besser
miteinander leben konnten.

Das Neue Testament

Der Engel Gabriel

Lukas 1,26–38

Maria und Josef wollten heiraten. Eines Tages kam der Engel Gabriel zu Maria und sagte: „Maria, Gott hat dich auserwählt. Du sollst die Mutter seines Sohnes werden. Bald wirst du ein Kind zur Welt bringen. Du sollst es Jesus nennen."

Maria wusste nicht, was sie sagen sollte. Sie war doch noch nicht einmal verheiratet, wie sollte sie da ein Kind bekommen? Aber sie war auch mutig. Und so nahm sie den Auftrag Gottes an und hoffte, dass ihr Sohn das Leben der Menschen verbessern würde.

Maria besuchte ihre Cousine Elisabeth, die war auch schwanger, und miteinander konnten sie über alles reden. Elisabeth hatte das Gefühl, dass ihr Kind in ihrem Bauch vor Freude hüpfte, als Maria sie begrüßte, und Maria sang glücklich und zuversichtlich ein Loblied für Gott.

Auf dem Weg nach Bethlehem

Lukas 2,1–6

Als die Geburt ihres Kindes näher rückte, machten sich Josef und Maria auf eine weite Reise. Der römische Herrscher hatte befohlen, dass alle zu ihren Geburtsorten gehen sollten. Dort mussten sie sich für eine Volkszählung in Listen eintragen lassen.

Josef aber war ein Nachfahre von König David. Deshalb musste er nach Bethlehem, und Maria kam mit ihm. Es war eine sehr beschwerliche Reise für sie in ihrem Zustand. Am Ende der Reise kam ihr Sohn Jesus in Bethlehem zur Welt.

Das Kind im Stall

Lukas 2,7–20

Maria wickelte ihren Sohn in Windeln und legte ihn in eine Futterkrippe, denn es gab keinen anderen Platz in der Herberge.

Bald darauf kamen Hirten zu Maria, Josef und Jesus. Engel hatten ihnen von der Geburt des Kindes erzählt und ihnen gesagt, dass es der Retter der ganzen Welt sei. Da hatten sie sich aufgemacht, um Jesus zu sehen. Und als sie ihn gefunden hatten, waren sie sehr berührt, fielen nieder und beteten. Dann gingen sie zurück zu ihren Schafen und erzählten allen Menschen, die sie kannten, was geschehen war.

Maria versuchte im Herzen zu behalten, was die Hirten über ihr Kind, den Retter der Welt, gesagt hatten. Sie hielt ihr Kind in den Armen und fragte sich, was die Zukunft ihm wohl bringen würde.

Weise Männer aus dem Morgenland

Matthäus 2,1–8

In den Tagen nach Jesu Geburt kamen weise Männer aus dem Osten nach Jerusalem. Sie hatten einen neuen Stern am Himmel entdeckt und dachten: „Da muss ein König geboren sein!" Also hatten sie Geschenke eingepackt und sich auf den Weg gemacht.

Im Palast des Königs Herodes machten sie Halt und fragten, ob dort ein neuer König zur Welt gekommen sei. Dieser Gedanke gefiel Herodes überhaupt nicht, denn in seinem Palast gab es kein neugeborenes Kind. Arglistig sagte er den drei Männern, sie sollten es ihm erzählen, falls sie den neuen König fänden, damit er ihn auch anbeten könne. Insgeheim aber schmiedete er einen bösen Plan.

Geschenke für den neuen König

Matthäus 2,9–15

Die weisen Männer folgten dem Stern, bis er über einem kleinen Haus stehen blieb. Als sie dort eintraten, fanden sie Maria, Josef und ihren Sohn Jesus.

Sie gaben dem Kind ihre Geschenke: Gold, Weihrauch und Myrrhe. Dann knieten sie nieder und beteten. Auf dem Weg zurück in ihr Land machten sie einen großen Bogen um Jerusalem. In einem Traum hatten sie nämlich geahnt, dass Herodes eine Gefahr für den kleinen Jungen war.

Josef aber brachte seine Familie nach Ägypten. Auch er hatte einen Traum gehabt und gesehen, dass Herodes das Kind töten wollte. So blieb er mit Maria und Jesus in Ägypten, bis Herodes starb. Erst dann war es sicher genug, in die Heimat zurückzukehren.

Jesus wird getauft

Matthäus 3,13–17

Johannes war ein ganz besonderer Mann. Er lebte in der Wüste nahe beim Jordanfluss, ernährte sich von Heuschrecken und wildem Honig und trug einen Mantel aus Kamelhaaren. Er sagte den Menschen, sie sollten ihr Leben ändern und Gott und seinen Geboten gehorchen. Manche mochten nicht hören, was er sagte, doch viele beschlossen, sich zu bessern, nicht mehr zu betrügen und gut und gerecht zu anderen Menschen zu sein.

Johannes war der Sohn von Elisabeth, Marias Cousine. Er hatte im Bauch seiner Mutter gehüpft bei der ersten Begegnung. Er hatte wohl damals schon gespürt, dass das Kind in Marias Bauch etwas ganz Besonderes war. Jetzt war Johannes ein erwachsener Mann und ihm war klar: Jesus ist der Retter, den Gott versprochen hatte.

Deshalb war er sehr überrascht, als Jesus eines Tages zum Fluss kam, an dem Johannes Menschen taufte.

„Aber ich kann doch nicht dich taufen!", sagte er. „Eher müsstest du mich taufen!"

Jesus aber bestand darauf, dass Johannes ihn taufte, und so geschah es. Johannes tauchte ihn im Jordan unter.

Als Jesus wieder aus dem Wasser stieg, hatten sie den Eindruck, der Himmel über dem Fluss würde sich öffnen. Es war, als ob der Geist Gottes herabschwebte wie eine Taube. Und es war eine Stimme zu hören, die sagte: „Das ist mein lieber Sohn. Und mir gefällt, was er tut."

Versuchungen

Matthäus 4,1–11

Jesus verbrachte vierzig Tage in der Wüste, um dort zu beten. Nach einiger Zeit wurde er furchtbar hungrig. Da kam der Teufel und sagte listig: „Du könntest doch diese Steine dort in Brot verwandeln, wenn du Gottes Sohn bist." Jesus aber sagte: „Der Mensch braucht nicht nur Brot zum Leben."

Da nahm der Teufel Jesus mit auf das Dach des Tempels in Jerusalem. „Spring doch!", sagte er. „Es heißt doch in der Bibel, dass Gottes Engel dich auffangen!"

Jesus aber sagte: „Dort steht auch, dass wir Gott nicht auf die Probe stellen sollen!"

Schließlich brachte der Teufel Jesus auf einen hohen Berg. Er zeigte ihm alles zu seinen Füßen und sagte: „Bete mich an, und alles, was du siehst, wird dir gehören."

Jesus antwortete: „Es heißt in der Bibel, wir sollen einzig und allein zu unserem Gott beten!" Da hatte der Teufel endlich genug und ließ Jesus in Ruhe.

Jesus wählt Freunde aus

Lukas 5,1–11

Jesus kam zum See Genezareth. Dort sah er Fischer, die ihre Netze flickten. Er sagte zu Simon: „Fahrt hinaus ins tiefe Wasser und werft eure Netze aus!" Der antwortete: „Aber wir haben die ganze Nacht gefischt und nichts gefangen! Doch wenn du meinst, versuchen wir es noch einmal."

Auf einmal war um sie herum ein riesiger Schwarm Fische, und Simon und Andreas fingen so viele, dass sie Angst hatten, ihre Netze würden reißen. Sie riefen ihre Freunde, Jakobus und Johannes. Die kamen mit einem anderen Boot und halfen ihnen, den großen Fang an Land zu bringen.

Da sagte Jesus zu ihnen: „Kommt mit mir. Statt Fische werdet ihr von jetzt an Menschen für Gott fangen." Und die vier ließen alles zurück und folgten ihm. Später kamen noch andere Männer und Frauen dazu.

Jesus lehrt auf dem Berg

Matthäus 5,1–16.22; 6,7–15.25–30

Jesus ging auf einen Berg und setzte sich nieder. Seine Freunde setzten sich zu ihm und er sprach mit ihnen darüber, was Gott wichtig ist.

„Gott liebt gerade die, die nicht überall ganz vorn mithalten können. Gott segnet die Menschen, die traurig sind, und die, die sanftmütig sind. Gott liebt die, die wollen, dass es gerecht zugeht, und die, die liebevoll zu anderen sind. Gott segnet die Menschen, die offen und ehrlich sind, und die, die für Frieden eintreten."

Und er sagte: „Ihr könnt etwas verändern in der Welt, so wie Salz ein Essen verändert und wie ein Licht im Dunkeln leuchtet!" Und: „Ihr sollt nicht zornig mit anderen sein, sondern ihnen vergeben. Vertragen sollt ihr euch auch mit denen, die ihr nicht so mögt."

Dann brachte er ihnen ein Gebet bei, das Vaterunser. Du kannst es in der Bibel nachlesen mit deinen Eltern. Menschen auf der ganzen Welt beten es, weil Jesus alles zusammengefasst hat, was wir Gott gern sagen wollen.

Am Ende sagte er zu seinen Freunden: „Macht euch nicht so viele Sorgen über die Zukunft, was ihr essen werdet und wie ihr die Kleidung bezahlt. Die Vögel am Himmel arbeiten auch nicht und Gott sorgt für sie. Schaut doch, wie wundervoll die Blumen blühen, auch wenn sie gar nichts tun. So wird Gott auch für euch sorgen, wenn ihr ihm vertraut."

Das Loch im Dach

Lukas 5,17–26

Viele Menschen waren überzeugt, dass Jesus ganz Großes bewirken konnte. Deshalb brachten vier Männer einen Freund, der gelähmt war, auf einem Bett zu ihm. Sie hofften, Jesus könnte ihm helfen. Aber sie sahen, dass das Haus, in dem Jesus redete, schon überfüllt war, und auch davor standen viele Menschen.

Da trugen sie ihren Freund aufs Dach, entfernten einige der Ziegel und ließen ihn mitsamt dem Bett hinunter zu Jesus. Der war beeindruckt von ihrem tiefen Vertrauen in ihn und sagte: „Alle Schuld ist vergeben." Das fanden einige überheblich. Jesus aber fand, dass Schuld vergeben etwas viel Größeres sei als Krankheiten heilen. Deshalb sagte er zu dem Gelähmten: „Steh auf, nimm dein Bett und geh nach Hause!" Und, o Wunder, der tat genau das! Die Menschen waren sehr erstaunt, sie wunderten sich und sagten: „Wir haben heute seltsame Dinge gesehen!"

Der Glaube des römischen Soldaten

Matthäus 8,5–13

Als Jesus in Kapernaum war, kam ein römischer Hauptmann zu ihm und sagte: „Meinem Knecht geht es schlecht. Er ist sehr krank und braucht deine Hilfe." Jesus sagte: „Ich werde kommen und ihn gesund machen."

„Es ist nicht nötig, dass du zu meinem Haus kommst", sagte der Hauptmann. „Du hast so viel zu tun! Aber ich bin zutiefst überzeugt davon, dass mein Knecht gesund wird, wenn du es nur sagst. Ich gebe meinen Soldaten ja auch Befehle, und sie gehorchen mir! Wenn du einen Befehl gibst, wird es so geschehen."

Jesus war erstaunt, das zu hören. Die Menschen um ihn herum glaubten so sehr an Gott und hatten doch so viele Zweifel. Und dieser Römer, der ja gar nicht zur jüdischen Religionsgemeinschaft gehörte, war vollkommen überzeugt davon, dass Gott solch große Dinge tun kann.

Er sagte zu ihm: „Was du glaubst, wird geschehen!" Und der Knecht wurde gesund.

Der Sturm auf dem See

Markus 4,35–41

Jesus heilte nicht nur viele Menschen, sondern erzählte ihnen vor allem von der Liebe Gottes. Viele hatten immer nur daran gedacht, Gottes Gesetze zu befolgen. Für sie war die Botschaft, dass Gott alle liebte, auch die, die nicht immer alles richtig machen, ganz neu, wunderbar und befreiend.

Eines Tages bat Jesus seine Freunde, ihn über den See Genezareth zu bringen. Als die Wellen das Boot sanft wiegten, schlief er ein. Da kam ein heftiger Wind auf, und das Boot wurde von den Wellen hin und her geschleudert. „Hilfe", riefen die Freunde, „Jesus, wach auf! Du musst uns retten, oder wir werden alle ertrinken!"

Jesus wachte auf und schrie zum Wind und zum Wasser: „Ruhe! Hört auf! Schweigt!" Und ganz plötzlich wurde der Wind still und das Wasser wieder ruhig. Die Freunde waren sehr erstaunt und fragten sich, wie es sein konnte, dass jemand dem Wind und dem Wasser Befehle geben konnte.

Die Frau in der Menge

Lukas 8,41–48

Eines Tages kam ein Mann namens Jaïrus zu Jesus. Er war einer
der Vorsteher in der Synagoge. Aufgeregt rief er: „Bitte, komm
schnell! Meine kleine Tochter stirbt!"

Jesus folgte ihm durch die Menge der Leute. Plötzlich aber
hielt er an. „Moment mal, wer hat mich gerade angefasst?",
fragte er. Da trat ganz ängstlich eine Frau vor und sagte.
„Ich war es!" Sie war seit zwölf Jahren schwer krank,
sie blutete und galt für viele als unrein. Niemand
wollte von ihr angefasst werden, kein Doktor
konnte ihr helfen. Doch als sie jetzt Jesus
angefasst hatte, hörte sie auf zu bluten.
Er sagte zu ihr: „Geh in Frieden, dein
Glaube hat dir geholfen." Und sie
wurde ganz gesund.

Jesus heilt ein kleines Mädchen

Lukas 8,49–55

Nachdem Jesus die Frau geheilt hatte, kamen Leute zu Jaïrus und sagten: „Es tut uns furchtbar leid, aber deine Tochter ist gestorben. Du brauchst Jesus nicht mehr ins Haus bringen."

„Vertraut mir", sagte Jesus. „Das Mädchen wird leben." Als sie zum Haus kamen, weinten die Menschen dort um das Kind.

„Seid ganz ruhig", sagte Jesus. Nur Jaïrus, seine Frau, Petrus, Johannes und Jakobus durften mitkommen in das Zimmer, in dem das Kind lag. Jesus nahm ihre Hand und sagte: „Wach auf, kleines Mädchen!" Und sie schlug ihre Augen auf. Jesus lächelte und sagte zu Jaïrus: „Nun, ich denke, sie hat Hunger!"

Brot und Fische

Lukas 9,11–17

Viele Menschen folgten Jesus. Sie hörten ihm zu, wenn er vom Reich Gottes erzählte, und hofften, er könne sie heilen und ihnen Hilfe geben für ihr Leben.

Einmal wurde es schon Abend, als er zu Ende geredet hatte. Sie waren an einem einsamen Ort, und die Jünger sagten, er solle die Leute fortschicken, damit sie zum Essen nach Hause gingen. Jesus aber sagte: „Ihr könnt ihnen doch etwas zum Essen geben." Die Jünger antworteten: „Hier sind mehr als fünftausend Menschen, und wir haben nur fünf Brote und zwei Fische. Das reicht niemals für alle!"

Da sagte Jesus allen, dass sie sich setzen sollten. Er dankte für die fünf Brote und die zwei Fische, und sie teilten es untereinander. Und auf wundersame Weise hatten alle genug zu essen und wurden satt. Am Ende waren sogar noch zwölf Körbe mit Essen übrig. Das war wirklich ein Wunder!

Jesus heilt einen tauben Mann

Markus 7,31–37

Einmal wurde ein Mann zu Jesus gebracht, der konnte nichts hören und nicht sprechen. Jesus nahm ihn beiseite und führte ihn fort von der Menge. Dann berührte er seine Ohren und seine Zunge mit Speichel und sagte: „Öffne dich!" Und tatsächlich konnte der Mann plötzlich hören und sprechen!

   Die Menschen wunderten sich sehr und sagten: „Er kann sogar die Tauben hören und die Stummen sprechen lassen!"

Der gute Samariter

Lukas 10,25–37

Einmal fragte ein Mann nach Gottes Geboten. Er sagte: „Ich weiß, ich soll Gott über alle Dinge lieben und meinen Nächsten wie mich selbst. Aber wer ist mein Nächster?"

Da erzählte Jesus eine Geschichte, um die Frage zu beantworten:

Ein Mann wurde auf der Straße von Jerusalem nach Jericho überfallen. Verletzt blieb er am Straßenrand liegen. Ein Priester sah ihn, aber er ging vorbei. Und ein Levit, ein Diener im Tempel, sah ihn und ging vorbei. Da kam ein Samariter, ein Ausländer. Der hielt an, verband die Wunden des verletzten Mannes, setzte ihn auf seinen Esel und brachte ihn zu einem Gasthaus. Dort zahlte er dem Wirt Geld, damit er den Verletzten versorgte, bis er wiederkam.

„Wer", fragte Jesus, „war nun der Nächste für den Verwundeten?"

„Der angehalten und ihm geholfen hat?", fragte der Mann.

„Na also! Du kennst doch die Antwort", sagte Jesus. „Dann handle genauso."

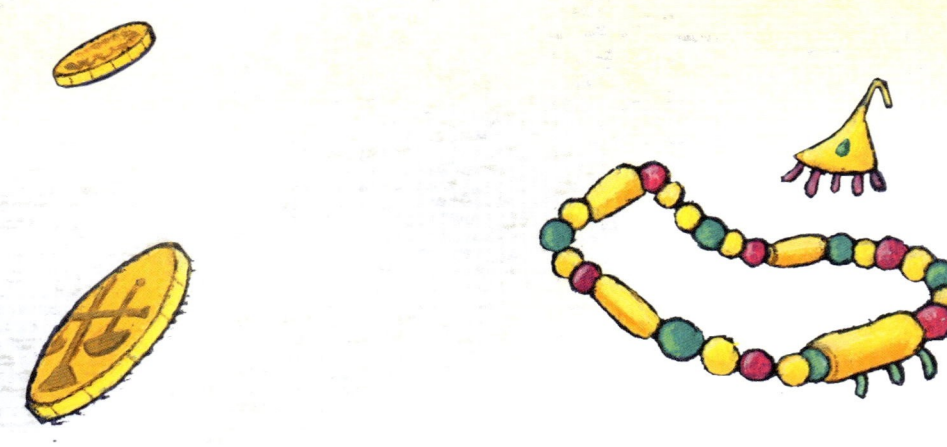

Der Schatz im Himmel

Lukas 12,13–21.33–34

Einmal kam jemand zu Jesus und bat ihn: „Sag meinem Bruder, er soll das Erbe gerecht aufteilen!" Da sagte Jesus: „Sei nicht habgierig. Es geht nicht darum, viel zu besitzen!"

Und wieder erzählte er eine Geschichte: Ein Bauer war so erfolgreich, dass er gar nicht wusste, wo er all das Korn lagern sollte, das er geerntet hatte. Deshalb dachte er: „Ich reiße meine alten Scheunen ab und baue ganz große neue Scheunen. Danach werde ich mein Leben so richtig genießen!" Gott aber sagte zu ihm: „Du bist ein Narr! Du wirst heute Nacht sterben und was hast du dann von all deinem Reichtum?"

„Also", sagte Jesus. „Es ist viel wichtiger, Schätze im Himmel zu sammeln als hier auf der Erde."

Der gute Hirte

Johannes 10,1–18

„Ihr kennt euch ja aus mit Hirten und ihren Schafen", sagte Jesus. „Ein guter Hirte kennt alle Schafe beim Namen, und sie folgen seiner Stimme und vertrauen ihm. Er wird alles für seine Herde tun, selbst wenn er dabei sein Leben aufs Spiel setzt. So wie ein guter Hirte will ich für euch da sein. Wie Gott mich kennt, so kenne ich euch. Vertraut mir, wie ich Gott vertraue. Ich werde alles für euch tun, selbst wenn ich dabei mein Leben riskiere."

Das verlorene Schaf

Lukas 15,3–7

Jesus erzählte wieder eine Geschichte: Es gab einmal einen Hirten, der hatte viele Schafe, und er kannte den Namen von jedem einzelnen. Die Schafe kannten seine Stimme, und er konnte sie voneinander unterscheiden. Eines Tages zählte er die Schafe und eines fehlte. Er ging los und suchte überall. Als er das verlorene Schaf schließlich gefunden hatte, freute er sich riesig! Er rief seine Freunde und Nachbarn zusammen und sagte: „Ich habe mein Schaf gefunden, freut euch mit mir!"

Und Jesus sagte: „So ist Gott, wie ein guter Hirte. Jeder einzelne Mensch ist ihm wichtig."

Der liebende Vater

Lukas 15,11–31

Ein anderes Mal erzählte Jesus die Geschichte von einem Mann, der zwei Söhne hatte. Eines Tages entschied sich der jüngere Sohn wegzugehen. Er nahm sein ganzes Erbe mit und ließ es sich gut gehen, bis das Geld aufgebraucht war. Nun konnte er nur noch Schweine hüten, um sich über Wasser zu halten. Da dachte er: „Wie gern wäre ich zu Hause. Ich werde zu meinem Vater gehen und ihn um Verzeihung bitten."

Als er sich seinem Zuhause näherte, sah der Vater ihn schon von Weitem kommen. Er lief auf den Sohn zu, umarmte ihn und freute sich riesig. Er rief alle zusammen und ließ ein großes Fest feiern. Der ältere Bruder war zornig darüber, er konnte das nicht verstehen. Aber der Vater sagte: „Ich freue mich einfach, dass mein Sohn zurückgekommen ist!"

Jesus sagte: „So ist Gott. Wie ein liebender Vater, der sich über alle Menschen freut, auch wenn sie einmal einen Fehler machen."

Lazarus

Johannes 11,1–45

Jesus kannte die Geschwister Maria, Marta und Lazarus, er hatte sie oft besucht. Als Lazarus sehr krank wurde, schickten Maria und Marta Jesus eine Nachricht.

Als Jesus endlich kam, war Lazarus schon gestorben und lag seit vier Tagen im Grab. Marta sagte: „Das wäre nicht passiert, wenn du hier gewesen wärst!"

„Dein Bruder wird auferstehen!", sagte Jesus.

„Ja", sagte Marta, „ich glaube daran, dass wir alle auferstehen werden."

„Marta, bist du ganz fest davon überzeugt, dass Menschen, die an mich glauben, in Ewigkeit leben werden?", fragte Jesus.

„Ja", sagte Marta, „ich glaube dass du Gottes Sohn bist und alles möglich machen kannst."

Da kam Maria dazu und gemeinsam gingen sie zum Grab, einer Höhle im Fels. Jesus sagte ihnen, sie sollten den Stein vor dem Grab wegschieben. Er betete zu Gott und rief dann: „Lazarus, komm heraus!"

Und tatsächlich kam Lazarus heraus, noch eingewickelt in seine Grabtücher. Ein Wunder! Viele, die das sahen, glaubten jetzt auch, dass Jesus Gottes Sohn war.

Jesus segnet Kinder

Markus 10,13–16

Viele Eltern brachten auch ihre Kinder zu Jesus. Den Freunden von Jesus wurde es manchmal zu viel und sie versuchten, sie wegzuschicken, damit Jesus seine Ruhe habe. Jesus aber sagte: „Lasst die Kinder ruhig zu mir kommen. Schickt sie nicht weg. Gott liebt sie ganz besonders!" Und er nahm die Kinder in den Arm und segnete sie.

Der blinde Mann

Markus 10,46–52

Bartimäus stand in Jericho am Straßenrand. Er hörte, dass irgendwas los war, und fragte: „Was ist da los? Wer ist da?" Er war nämlich blind und konnte nichts sehen. Die anderen sagten: „Jesus verlässt gerade die Stadt." O ja, Bartimäus hatte schon von Jesus gehört. Und deshalb rief er ganz laut: „Jesus, hilf mir doch!"

Jesus hörte ihn und sagte: „Ruft ihn her zu mir." So riefen sie ihn, und er kam, so schnell er konnte, zu Jesus. Der fragte: „Was willst du von mir?"

„Ich möchte sehen können", sagte Bartimäus.

Da sagte Jesus: „Wenn du so fest an mich glaubst, wird dir geholfen werden." Und Bartimäus konnte tatsächlich wieder sehen. Er war überglücklich. Ja, auch das war ein Wunder.

Der Mann auf dem Baum

Lukas 19,1–10

In Jericho lebte auch Zachäus. Er war ein reicher Mann und lebte davon, dass er für die Römer Zoll eintrieb. Deshalb mochten die Menschen ihn überhaupt nicht. Sie hassten die Römer, die ihr Land besetzten. Als Zachäus hörte, dass Jesus in die Stadt kam, wollte er unbedingt dabei sein. Aber er war klein, und die Leute ließen ihn nicht durch. Da kletterte er einfach auf einen Baum, damit er Jesus gut sehen konnte.

Als Jesus schließlich vorbeikam, schaute er nach oben und sagte: „Hallo Zachäus! In deinem Haus möchte ich heute Abend essen!" Zachäus war sehr überrascht: Zu ihm, den alle immer lieber mieden, kam Jesus zum Essen? Er freute sich riesig und lief schnell nach Hause, um alles vorzubereiten. Die anderen Leute aber ärgerten sich, dass Jesus ausgerechnet zu Zachäus ging.

Als Jesus später bei ihm war, sagte Zachäus: „Ich will mein Leben ändern, Jesus. Ab jetzt teile ich meinen Reichtum mit den Armen. Und wenn ich jemanden betrogen habe, will ich es vierfach zurückgeben!"

„Heute hast du Gottes Segen erlebt", sagte Jesus.

Von Schafen und Böcken

Matthäus 25,31–46

„Wenn das Ende der Welt kommt", sagte Jesus, „dann wird es so sein wie bei einem Hirten, der die Schafe von den Böcken trennt. Gott wird zu den einen sagen: ‚Ich hatte Hunger, und ihr habt mir zu essen gegeben. Ich hatte Durst, und ihr habt mir zu trinken gegeben. Ich bin ein Fremder gewesen, und ihr habt mich eingeladen. Ich hatte nichts zum Anziehen, und ihr habt mich eingekleidet. Ich war krank oder saß im Gefängnis, und ihr habt mich besucht.'

Und zu den anderen wird er sagen: ‚Ihr habt mir nichts zu essen gegeben, als ich hungrig war, und nichts zu trinken, als ich Durst hatte. Ihr habt mich nicht eingeladen, eingekleidet oder besucht.'

Und die Menschen werden fragen: ‚Aber wann war das?' Und Gott wird sagen: ‚Was immer ihr einem Menschen in Not getan oder nicht getan habt, das habt ihr mir getan oder nicht getan.'"

Jesus, der König

Lukas 19,29–38.47

Zum Passafest wollte Jesus nach Jerusalem gehen. Er ritt auf einem Esel in die Stadt. Die Menschen jubelten Jesus begeistert zu. Sie hatten gehört, dass er Menschen heilte. Sie wussten, dass er davon erzählte, wie Gott die Menschen liebt. Deshalb breiteten sie Palmzweige und ihre Kleider auf dem Weg aus, als er kam. Dabei riefen sie laut: „Gelobt sei Jesus, der König!" Andere aber ärgerten sich darüber und dachten: „Jetzt reicht es aber! Das ist doch nun wirklich übertrieben."

Jesus im Tempel

Matthäus 21,12–16.46

Als Jesus in den Tempel kam, um zu beten, ärgerte er sich sehr. Es war laut und unruhig, ja es ging zu wie auf einem Marktplatz. Er hatte nicht das Gefühl, an einem Ort für den Gottesdienst zu sein. Da waren Leute, die Sachen verkauften, und Geldwechsler, die laut riefen. Jesus wurde richtig zornig und warf die Tische der Händler und Geldwechsler um. „Verschwindet!", rief er. „Das hier ist ein Ort für das Gebet, und ihr macht eine Räuberhöhle daraus!"

Danach kamen wieder Menschen zu ihm, die er heilte. Und Kinder liefen umher, die riefen: „Gott ist wunderbar." Die Priester und Lehrer im Tempel aber waren gar nicht glücklich darüber. Sie dachten: „Irgendwie müssen wir diesen Jesus loswerden!"

Das letzte Abendessen

Johannes 13,1–15; Matthäus 26,26–29

Jesus wollte mit seinen zwölf engsten Freunden noch ein letztes Mal zu Abend essen. Er ahnte schon, dass Judas ihn verraten wollte und nicht mehr viel Zeit war, bis er verhaftet würde.

So nahm er eine Schüssel mit Wasser und ein Handtuch und begann, seinen Freundinnen und Freunden die Füße zu waschen. „Was machst du denn da?", fragte Petrus erschrocken, denn normalerweise machten so etwas die Diener. Jesus antwortete: „Ich zeige euch, wie ihr miteinander umgehen sollt. Seid wie Diener füreinander und habt einander lieb."

Dann setzten sie sich zum Essen. Jesus teilte Brot und Wein mit allen. Er sagte: „Das Brot ist mein Körper. Und der Wein ist mein Blut, das für euch vergossen wird. Wenn ihr miteinander Brot und Wein teilt, dann denkt an mich."

Das Gebet im Garten

Markus 14,32–50

Judas hatte sich während des Essens davongestohlen. Er ging zu den Hohepriestern und sagte ihnen, wo sie Jesus finden konnten, um ihn zu verhaften. Dafür bekam er einen Beutel mit dreißig Silberstücken.

Jesus und die anderen dankten Gott nach dem Abendessen. Mit einigen von ihnen ging Jesus anschließend in den Garten Gethsemane. Dort wollte er beten. Er bat Petrus, Jakobus und Johannes, mit ihm zu kommen und mit ihm wach zu bleiben. Er wusste, dass er in Gefahr war.

Jesus zog sich zurück und bat Gott um Hilfe. Als er vom Gebet zurückkam, waren Petrus, Jakobus und Johannes eingeschlafen. Er weckte sie auf, damit sie wach blieben, während er sich wieder zum Beten zurückzog. Als er zurückkam, schliefen sie schon wieder. Schließlich erkannte Jesus, dass es ohnehin zu spät war. Judas kam mit einer Truppe bewaffneter Männer. Er ging auf Jesus zu, grüßte ihn und gab ihm einen Kuss. Da traten die Soldaten heran und verhafteten ihn. Seine Freunde aber hatten so viel Angst, dass sie davonliefen und ihn allein ließen, als er weggebracht wurde.

Der Hahn kräht

Markus 14,66–72

Petrus war die ganze Nacht unruhig durch die Stadt gelaufen. Als Jesus verhaftet worden war, war er den Soldaten hinterhergeschlichen, um zu sehen, was passierte. Jetzt war er im Hof des Hohepriesters und wärmte sich an einem Feuer.

Da sagte eine Magd zu Petrus: „Bist du nicht ein Freund von diesem Jesus?"

Schnell sagte Petrus: „Ich? Nein, ganz bestimmt nicht!"

Die Magd sagte: „Aber ich bin mir ganz sicher!"

Petrus sagte wieder Nein, jetzt ganz laut.

Da kamen noch mehr Leute und sagten: „Doch, du gehörst sicher zu ihm!" Petrus hatte Angst und sagte zum dritten Mal, dass er nichts mit Jesus zu tun habe.

Da krähte ein Hahn. Petrus erschrak, denn er erinnerte sich, dass Jesus ihm gesagt hatte: „Bevor der Hahn kräht, wirst du dreimal gesagt haben, dass du mich gar nicht kennst." Und er schämte sich und weinte.

Bei Pilatus

Johannes 18,28–19,16

Jesus wurde in dieser Nacht von einem Ort zum anderen geschleppt. Schließlich befragte ihn Pontius Pilatus, der Verwalter für die römische Regierung. Pilatus wusste, dass viele Jesus aus dem Weg haben wollten. Aber er sah auch, dass Jesus eigentlich kein Verbrechen begangen hatte. Und er selbst wollte nicht schuldig werden, indem er einen unschuldigen Mann verurteilte.

Draußen hatte sich schon eine große Menge versammelt. Pilatus trat vor sie und fragte: „Wollt ihr, dass ich Jesus von Nazareth freilasse, euren König? Oder wollt ihr lieber, dass Barrabas freikommt, ein Mörder?"

Da schrie die Menge: „Barrabas! Barrabas! Wir wollen, dass Barrabas frei ist."

„Und was soll ich mit Jesus machen?", fragte Pilatus.

Die Menge schrie: „Kreuzige ihn! Kreuzige ihn!"

Jesus stirbt am Kreuz

Matthäus 27,24; Johannes 19,17–42

Da nahm Pilatus eine Schüssel mit Wasser und wusch seine Hände darin. Und er sagte zum Volk: „Meine Hände sind rein. Ich will nicht Schuld haben am Tod von Jesus." Der aber wurde geschlagen, und zum Spott wurde ihm eine Dornenkrone aufgesetzt. Ganz allein musste er ein schweres Holzkreuz durch die Straßen der Stadt bis vor das Tor schleppen. Dort wurde er zwischen zwei Verbrechern gekreuzigt.

    Oben an sein Kreuz nagelten sie ein Schild, auf dem in drei Sprachen „Jesus von Nazareth, der König der Juden" geschrieben stand. Einige Priester beschwerten sich und sagten: „Da müsste doch stehen, er hat von sich

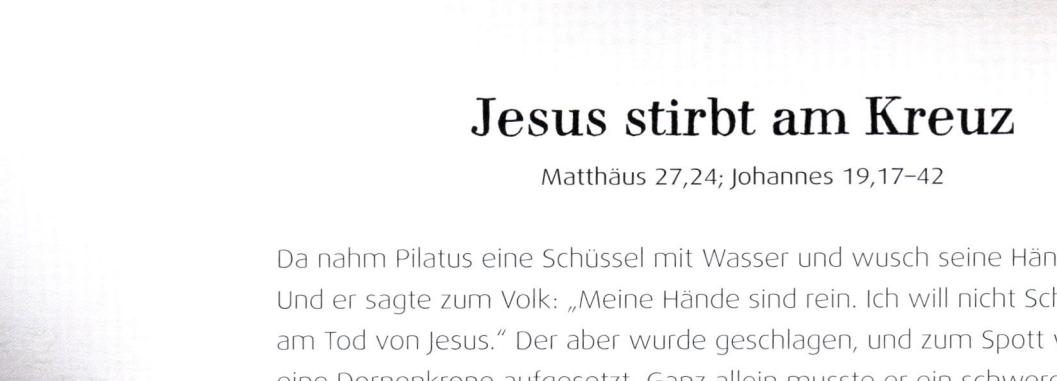

behauptet, dass er der König der Juden sei!" Aber Pilatus wollte das Schild nicht ändern, er ahnte, dass Jesus mehr war, als es schien.

Unter dem Kreuz standen viele Menschen und weinten. Darunter auch seine Mutter Maria, einige Freundinnen und Johannes. Nach vielen Stunden verdunkelte sich der Himmel und Jesus rief: „Es ist vollbracht!" Dann starb er.

Inzwischen fing der Sabbat bald an. Ein Mann namens Josef von Arimathäa bat darum, Jesus vom Kreuz abnehmen zu dürfen, um ihn in Würde zu bestatten. Gemeinsam mit Nikodemus brachte er Jesus in ein Felsengrab in einem Garten in der Nähe. Sie rollten einen schweren Stein vor den Eingang. Dann begann der Sabbat, der Tag der Ruhe.

Maria weint

Johannes 20,1–18

Am Morgen nach dem Sabbat ging Maria von Magdala mit zwei anderen Frauen zum Grab. Sie sahen, dass der Stein weggerollt worden war. Ein Engel stand dort und sagte, dass Jesus nicht mehr dort sei.

Als Maria vor dem Grab saß und weinte, hörte sie eine Stimme, die fragte: „Maria, warum weinst du denn?" Sie dachte, es sei der Gärtner, und sagte. „Hast du Jesus aus dem Grab weggeholt?" Die Stimme sagte: „Maria!" Da erkannte Maria plötzlich, dass es Jesus war, der zu ihr sprach. „Jesus!", rief sie.

Der aber sagte: „Du darfst mich nicht anfassen. Doch du sollst den anderen sagen, dass ich lebe und zu meinem Vater gehe." Maria lief zu den anderen und erzählte ihnen: „Jesus lebt! Ich habe ihn mit eigenen Augen gesehen."

Jesus lebt!

Johannes 20,24–28

Nachdem Maria Jesus gesehen hatte, erschien er auch noch zehn von
seinen Freunden. Thomas aber war nicht dabei gewesen, und er konnte es
nicht wirklich glauben. Das konnte einfach nicht wahr sein!

Als Thomas eines Tages mit den anderen zusammensaß, kam plötzlich
Jesus durch die verschlossene Tür. „Thomas, berühre meine Hände und sieh
selbst, ob du es glauben kannst: Ich bin lebendig!"

Da berührte Thomas ihn und fühlte seine Wunden von den Nägeln am
Kreuz. Und er kniete nieder und rief: „Mein Herr und mein Gott!"

Beim Fischen

Johannes 21,1–14

Die Nachricht verbreitete sich in Windeseile: Jesus lebt! Er ist von den Toten auferstanden! Seine Freundinnen und Freunde hatten ihn gesehen und viele andere Menschen auch. Sie erlebten, wie Jesus mit ihnen redete, und dann wieder schien er verschwunden.

„Lasst uns fischen gehen", sagte Petrus eines Abends zu seinen Freunden. Also fuhren sie zu siebt mit dem Boot hinaus, aber bis zum Morgengrauen hatten sie fast nichts gefangen. Da rief ein Mann vom Ufer: „Was habt ihr gefangen?"

„So gut wie nichts", riefen sie zurück. Müde warfen sie ein letztes Mal die Netze aus. Und plötzlich fühlten sie, wie sie sich über und über mit Fischen füllten. Johannes sagte zu Petrus: „Das kann nur Jesus sein!"

Da sprang Petrus ins Wasser, ließ seine Freunde zurück und schwamm zu Jesus. Später saßen alle miteinander am Feuer und grillten Fisch. Jesus fragte: „Petrus, liebst du mich genug, um etwas sehr Wichtiges für mich zu tun? Bist du bereit, auf die anderen zu achten, ihnen weiterzugeben, was ich euch erzählt habe, und sie anzuführen?"

Da wusste Petrus, dass Jesus ihm vertraute, obwohl er ihn verleugnet hatte. Und er sagte. „Ich liebe dich, Jesus. Ich werde alles tun, worum du mich bittest."

Der Heilige Geist

Apostelgeschichte 1,7–11; 2,1–12

Jesus erklärte seinen Freundinnen und Freunden, dass er nun endgültig zu seinem Vater im Himmel gehen würde. Aber er versprach ihnen, dass er ihnen den Heiligen Geist schicken würde. So wäre er immer bei ihnen und könnte ihnen Kraft geben. Dann wurde er in den Himmel emporgehoben.

Zum ersten Mal spürten die Freunde von Jesus, dass der Heilige Geist bei ihnen war, als sie in Jerusalem waren und zusammen das Pfingstfest feierten. Sie hörten ein Geräusch, das sich anhörte wie ein mächtiger Sturm, und sie sahen Feuerflammen. Da wussten sie, dass Jesus ihnen Kraft schickte.

Petrus nahm seinen ganzen Mut zusammen und sagte laut: „Ändert euer Leben! Vertraut Jesus! Er wird für jeden da sein, der an Gott glaubt!" Und die Menschen hörten ihm zu und alle schienen zu verstehen, was er sagte, auch wenn sie andere Sprachen sprachen. Die Menschen, die an Jesus glaubten, lebten zusammen und sorgten füreinander und teilten alles, was sie besaßen. Bald wurden sie Christen genannt.

Der Mann am Tor

Apostelgeschichte 3,1–10

Petrus und Johannes gingen zum Tempel, um zu beten. Am Tor des Tempels saß ein Mann, der bettelte. Jeden Tag wurde er dorthin gebracht, weil er selbst nicht laufen konnte. Jeden Tag saß er am Tor und hoffte, dass die Menschen, die zum Gebet gingen, ihm ein bisschen Geld gäben.

„Gebt mir doch etwas!", rief er Petrus und Johannes zu. Petrus schaute ihn an und sagte: „Wir können dir kein Geld geben, aber wir haben etwas Besseres für dich. Jesus hat uns die Kraft gegeben zu heilen. Also steh auf!"

Und der Mann stand auf und ging davon. Und er rief: „Gott ist wunderbar! Schaut mich an, ich kann laufen!" Allen, denen er begegnete, erzählte er, was ihm passiert war.

Stephanus

Apostelgeschichte 6,8; 7,54–8,1

Stephanus war einer von sieben Männern, die sich unter den Christen um diejenigen kümmerten, die Hilfe brauchten. Er erzählte den Menschen, was Jesus gesagt und getan hatte. Wie Petrus hatte er auch die Gabe des Heilens, und die Menschen liebten ihn.

Die religiösen Anführer aber waren beunruhigt. Endlich war Jesus aus dem Weg geräumt, aber jetzt hörten die Menschen plötzlich seinen Freundinnen und Freunden von damals zu. Das musste ein Ende haben!

Sie brachten Stephanus vor die Stadtmauer und steinigten ihn, weil er von Jesus erzählt hatte.

Ein junger Mann namens Saulus stand in der Nähe und beobachtete, wie Stephanus umgebracht wurde. Saulus liebte Gott, aber er hasste die Freunde von Jesus. Er beschloss, dafür zu sorgen, dass so viele wie möglich ins Gefängnis geworfen würden.

Paulus

Apostelgeschichte 9,3–22

Eines Tages war Saulus auf dem Weg nach Damaskus, da blendete ihn ein helles Licht. Er konnte nichts mehr sehen, aber er hörte eine Stimme, die ihn fragte: „Saulus, Saulus, warum verfolgst du mich?"

„Wer bist du?", fragte Saulus.

„Ich bin Jesus", sagte die Stimme. „Wenn du die Menschen verfolgst, die an mich glauben, dann verfolgst du auch mich. Aber ich habe einen wichtigen Auftrag für dich. Steh auf und geh in die Stadt. Dort wird man dir sagen, was du tun sollst."

Saulus konnte immer noch nichts sehen, aber seine Freunde brachten ihn nach Damaskus. Dort kam ein Mann namens Ananias zu Saulus und sagte: „Jesus hat mich geschickt, damit du wieder sehen kannst."

Da konnte Saulus wieder sehen und er fing an, an Jesus zu glauben. Er änderte nicht nur seinen Namen in Paulus, sondern sein ganzes Leben. Allen, denen er begegnete, erzählte er von Jesus. Die Leute staunten und sagten: „Ist das nicht der Saulus, der Christen verfolgt und ins Gefängnis geworfen hat?" Sie konnten nicht verstehen, was mit ihm passiert war.

Der Mann aus Äthiopien

Apostelgeschichte 8,26–39

Ein Engel sagte Philippus, dass er einem einflussreichen Mann aus Äthiopien zu Hilfe kommen sollte. Also ging Philippus nach Gaza und traf dort den Mann, als der in einem Wagen saß und Worte des Propheten Jesaja las. Der Heilige Geist gab Philippus den Mut, hinzugehen und zu fragen, ob er helfen könne. Der Äthiopier sagte: „Ich lese gerade von einer Prophezeiung über einen Mann, der gestorben ist. Kannst du mir das erklären?"

Philippus setzte sich zu ihm in den Wagen und erzählte von Jesus, wie er gekreuzigt worden war und dass Gott ihn auf wundersame Weise von den Toten auferweckt hatte. Er schilderte, wie er und seine Freundinnen und Freunde Kraft bekommen hatten, ein ganz neues Leben zu führen.

Der Äthiopier war sehr beeindruckt. In diesem Moment kamen sie an einen Fluss. Der Äthiopier sagte zu Philippus: „Schau, da ist Wasser. Ich würde mich gerne taufen lassen. Auch ich will ein Christ sein."

Da ließ Philippus den Wagen anhalten und er taufte den Mann aus Äthiopien. Voller Freude setzte der Mann seinen Weg fort.

Der Soldat

Apostelgeschichte 10,1–7

Kornelius war Hauptmann in Cäsarea. Er war gut zu den Menschen, liebte Gott und betete oft zu ihm.

Eines Tages erschien ihm ein Engel, der sagte: „Gott sieht, dass du fromm lebst. Schick Männer nach Joppe, sie sollen Petrus zu dir bringen."

Da schickte er einige seiner Männer nach Joppe.

Petrus hat eine Vision

Apostelgeschichte 10,9–47

Während die Männer auf dem Weg nach Joppe waren, hatte Petrus einen Traum: Er hatte Hunger, und ein Leintuch kam vom Himmel, das gefüllt war mit allerlei Krabbeltieren. Eine Stimme sagte: „Petrus, iss doch!" Er aber sagte: „Das kann ich nicht essen, es ist nicht erlaubt." Da sagte die Stimme: „Du kannst alles essen, Petrus. Nichts ist unrein, Gott hat es doch geschaffen!"

Als Petrus erwachte, hörte er ein Klopfen an der Tür. Draußen standen die Männer, die Kornelius geschickt hatte, und sagten: „Hauptmann Kornelius hatte einen Traum. Ein Engel hat ihm gesagt, dass du mit ihm sprechen willst!"

Petrus ging mit ihnen. Er hatte erkannt, was sein Traum bedeutete: Gott wollte ihm sagen, dass alle Menschen ihm willkommen seien, ganz gleich, aus welchem Land sie kamen – auch Kornelius und seine Freunde, obwohl sie Römer waren und aus einem fremden Land stammten. Und so erzählte Petrus ihnen alles über Jesus. Sie glaubten an ihn und ließen sich taufen.

Gebete für Petrus

Apostelgeschichte 12,3–19

Am Anfang war es sehr gefährlich, an Jesus zu glauben. Aber die Menschen, die ihn liebten, hatten keine Angst und erzählten allen von ihm.

Eines Tages wurde Petrus, einer seiner allerersten Freunde, ins Gefängnis geworfen. Petrus wurde schwer bewacht und zwischen zwei Soldaten angekettet. König Herodes hoffte, dass er so andere Leute davon abhalten könnte, an Jesus zu glauben.

Doch Gott kam Petrus zu Hilfe. Er schickte einen Engel ins Gefängnis. Der weckte Petrus auf und sagte: „Schnell! Steh auf, zieh deine Schuhe und deinen Mantel an!"

Die Ketten fielen von seinen Handgelenken ab, und er folgte dem Engel auf die Straße. Dann verschwand der Engel wieder, und Petrus ging zum Haus seiner Freunde. Er klopfte an die Tür. Rhode, die Magd, öffnete ihm. Als sie ihn sah, war sie so aufgeregt, dass sie ihn stehen ließ, nach drinnen lief und rief: „Petrus steht draußen vor der Tür!" Doch niemand wollte ihr glauben. Da klopfte Petrus so lange an die Tür, bis sie die Tür aufmachten und ihn hineinließen.

Alle waren sehr erstaunt. Und Petrus erzählte seinen Freundinnen und Freunden von dem Wunder, das er erlebt hatte.

König Herodes aber war sehr zornig. Er konnte nicht verstehen, wie Petrus entkommen konnte.

Ein Erdbeben im Gefängnis

Apostelgeschichte 16,1–36

In dieser Zeit reiste Paulus von Land zu Land, damit Menschen überall auf der Welt zum Glauben finden konnten. Er heilte Menschen und erzählte von Jesus. Manchmal freuten sich die Menschen, wenn er kam. An anderen Orten wurde er aber auch aus der Stadt vertrieben und fortgejagt.

In Philippi wurden Paulus und Silas gefangen genommen und ins Gefängnis geworfen. Aber auch das konnte sie nicht davon abhalten, zu Gott zu beten und zu singen. Da erschütterte plötzlich ein heftiges Erdbeben die Mauern des Gefängnisses. Die Türen flogen auf und die Ketten von Paulus und Silas fielen ab. Aber sie nutzten die Chance nicht, um zu fliehen. Stattdessen erzählten sie dem Gefängnisaufseher von Jesus. Er und seine ganze Familie wurden Christen und ließen sich taufen.

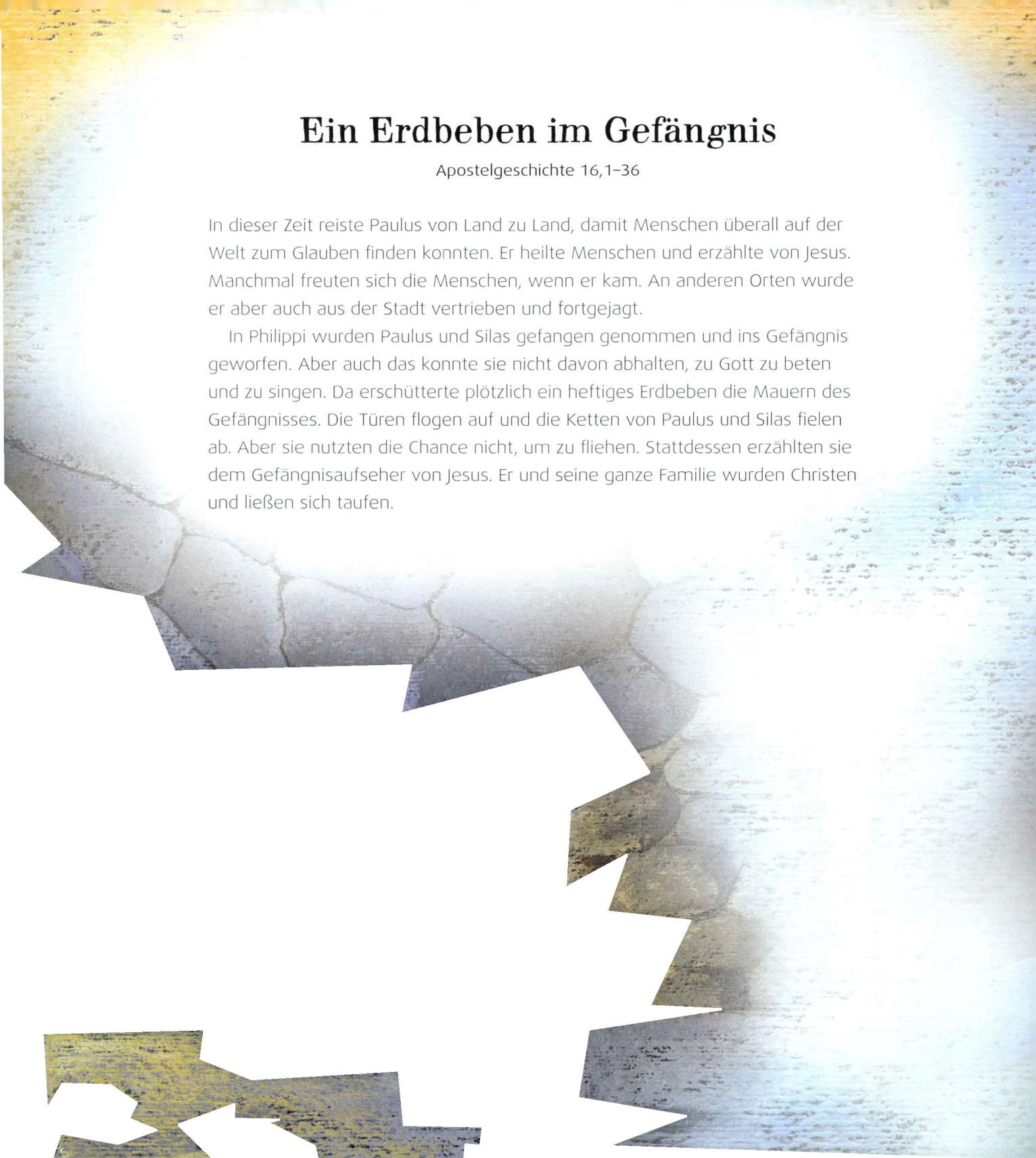

Das Schiffsunglück
Apostelgeschichte 27,1–44

Immer wieder wurde Paulus verhaftet, ins Gefängnis geworfen und dann wieder freigelassen. Er nutzte jede Gelegenheit, den Menschen von Jesus zu erzählen.

Schließlich verhafteten sie ihn wieder und schickten ihn mit einem Schiff nach Rom. Dort sollte er verurteilt werden. Das Schiff aber geriet in einen furchtbaren Sturm. Die Mannschaft musste fast die gesamte Ladung über Bord werfen, damit das Schiff nicht sank. Ein Engel aber sagte Paulus, dass niemandem etwas geschehen würde und alle nach Rom kämen.

Das Schiff landete schließlich an der Küste von Malta. Einige schwammen an die Küste, andere klammerten sich an Wrackteile und ließen sich an Land treiben. Aber alle wurden gerettet.

Malta und Rom

Apostelgeschichte 28,1–31

Die nächsten drei Monate verbrachten Paulus und die anderen Passagiere auf der Insel Malta. Paulus heilte viele Menschen, die krank waren. Schließlich bekamen sie ein neues Schiff und Proviant für die Reise und konnten endlich nach Rom segeln.

Dort lebte Paulus bei einem Soldaten, der ihn bewachen sollte. In Rom gab es einige Menschen, die auch an Gott glaubten wie Paulus. Paulus lud sie zu sich ein und erzählte ihnen von Jesus. Zwei Jahre lang berichtete er den Menschen in Rom, was er erfahren hatte, und sagte ihnen, wie sehr Gott die Menschen liebt. Er schrieb auch viele Briefe an die Gemeinden und ermahnte sie, gut aufeinander achtzugeben.

Seine Freundinnen und Freunde taten also, worum Jesus sie gebeten hatte. Sie reisten überallhin und erzählten von ihm. So wurde die Familie der Kinder Gottes immer größer und verbreitete sich schließlich in der ganzen Welt.